U0025143

相信閱讀

Believing in Reading

財經企管 526

當世界正在質變

梁國源帶你迎向全球經濟重整之路

大寶華綜合經濟研究院院長、清大科技管理學院榮譽教授、台大經濟學系兼任教授
梁國源　著

當世界正在質變
梁國源帶你迎向全球經濟重整之路

目次

當世界正在質變
梁國源帶你迎向全球經濟重整之路

目次

自序

「質變」藏在人的趨同偏向裡

　　繼今（2014）年1月起，國際貨幣基金（IMF）、世界銀行（World Bank）及聯合國組織（UN）陸續上修今年全球經濟成長率預測，並一致預期今年的成長可望較2013年更快後，3月公布的Duke CFO調查又顯示，美國、歐洲、亞洲及中國企業的財務長，皆對當地經濟看法較去年12月樂觀，讓國際經濟出現「步調齊一」的樂觀預期。但在這個舉世同喜的時刻，我卻隱隱感到些微的擔憂。

　　之所以擔憂，並非要以雖千萬人，吾往矣之名，唱衰全球經濟景氣。事實上，我亦與主要國際預測機構一樣，對今年的國際經濟抱持正面的看法。然而，正是這股吾道不孤的態勢，讓我心生不安。因為，當各界對經濟前景樂觀的看法太過趨同，易使市場輕忽風險事件的發生，並從事過度投機的投資行為。今年1月間紐約證交所資料顯示，融資買股的比例接近歷史新高，便是一例。

這種對風險事件準備不足的現象，讓經濟與金融市場處於脆弱狀態，很容易因為經濟走向未如預期，便出現市場大幅動盪，就像2011、2012年都曾出現市場一致看好美國經濟，之後卻因出現開高走低狀況，引發金融市場大幅震盪一般。這種趨同的危機，既如倫敦千禧橋（Millennium Bridge）初落成時的晃盪[1]問題，又可於近年來金融市場過度信賴常態分配（normal distribution）的假設，助長金融海嘯成形的過程中得見。

猜測天意的妄行

常態分配是自然界最常見到的統計現象，舉凡群體中的身高、體重、智商、考試成績、政治取向、產品的品質變異與規格誤差，大多具有常態分配的特性。在1953年肯德爾（Maurice Kendall）發現芝加哥商品交易所的小麥價格與倫敦證交所上市的大多數股票價格週變動幅度近似常態分配、1962年莫爾（Arnold Moore）也在紐約證交所發現類似現象後，金融市場便開始普遍應用常態分配的理論假設，進而成為當代金融市場數理模型的重要核心概念。

常態分配有許多重要的理論性質，與生活的經驗息息相關。例如當一個群體的某一特質量度符合常態分配的話，不只大多數個體的特質量度會分布在平均數附近，且從中抽取

出來的任一個體，其特質量度最可能出現在平均數的位置，亦即極端值發生的機率相當小。就像稻田中大多數的稻穗結實數都在平均值附近，僅有極少數稻穗會出現1、2顆果實或數倍於平均值的情況。

從數學、天文領域一路演進的常態分配，無疑是一個人類透過數學的語言，試圖猜測上帝想法的過程。但「常態」兩字過於化約，讓世人誤以為只要不服從常態分配的分配型態即為「非常態」。事實上，常態分配不等同於上帝的分配，現實生活中有很多自然、社會現象，未必都可由常態分配得到解釋。

然而，由於常態分配的便利性和可解讀性高，讓各界趨之若鶩，不只遺忘它只是數學家和統計學家進行理論研究的權宜性假設，更完全將「非常態」現象拋諸腦後，並認為其發生的機率小或即使發生，影響也不大。因此，等到非常態事件發生時，往往以海嘯席捲陸地之勢而來，就像2008年的次貸風暴一樣。

當時，金融機構透過複雜數理模型設計的商品，如房屋貸款抵押債券（MBSs）、信用違約交換（CDSs）等蓬勃發展，讓學術界逐漸產生「安全感」，認為在常態分配的概念

---

1. 關於倫敦千禧橋晃盪與金融市場的關聯論述，詳見〈倫敦千禧橋的晃盪〉，《全球經濟這樣看──梁國源帶你解讀投資新地圖》（天下文化，2012）。

下，風險已「充分」被管控在一個相對小的範圍內。如今看來，這種想法正是最危險之處。

全球金融市場發展至今，雖不能言之完美，但以成熟喻之，並不為過，尤其是歷經大蕭條、數次股災崩盤與石油危機的美國華爾街。為何眾人仍如此低估風險的存在呢？前美國聯準會主席葛林斯班（Alan Greenspan）表示，若機率分配估算僅大致或完全包含沒有涵蓋恐慌時期的數個循環，會低估極端價格變動發生的可能性，更甚者，對未含恐慌在內期間聯合機率分配的估計，將會低估在恐慌時資產價格波動的相關性。

葛林斯班點出近年金融市場分析的重大瑕疵，即過度依賴近期的資料，以致於模型分析的資料點不足，也沒有從早年的災難中學到經驗。但金融海嘯的成因，尚不止於此。更重要的是以常態分配為架構概念的模型假設，存在嚴重的瑕疵，使其過度低估極端值發生的可能性。

人類非絕對理性

學術與實務界的金融與風控模型大多以常態分配做為假設，主要是源於效率市場假說。因為，若人是理性的，除非有新的資訊出現，否則金融資產價格不會偏離合理價太遠；即使有新的資訊，也會透過不同的管道和來源進入市場，對

不同人產生影響。但平均而言，價格還是有效率的。也就是說，只要資產價格「循規蹈矩」（well behaved），投資組合的報酬率最終也將走向常態分配，這便是實務界常用的關聯結構（copula）。

問題是：人類是理性的嗎？

這個答案從效率市場假說來回答，是容易的。因為它認為人們未必需要知道將來要發生什麼事，只要知道事件發生的機率如何；但若從行為學來看，人類是否理性，可能是個大哉問。因此，凱因斯（John Keynes）曾言，「沒有什麼比在一個非理性的世界裡，從事理性投資更具災難性。」

況且，當效率市場假說中的理性被無限上綱、金融和風控模型亦愈來愈複雜時，實務界中的模型使用者只知道按著操作手冊，進行各類複雜商品定價，而逐漸忘卻這類模型創建的本質，與現實生活並不相符。而模型的創建者又因常年處在學術界，無法確切掌握金融實務，便不曾懷疑模型的假設，讓常態分配的不合理性，逐漸成為整個業界及財務界的系統性忽視。

客觀而言，我認同風險趨避是人類的絕對理性，也是亙古以來的生存法則，但其不等同人類在所謂理性基礎下所作出的決定，必然是安全無害的。畢竟，人類文明發展至今，人的理性仍舊是以利己為核心的私利，而非利他為主的公利。所以，無論是金融市場或是社會發展，往往會在一段時

間的安逸常態後，逐漸出現非常態現象。而當這個非常態現象積聚到一定程度時，常態就會被挑戰或打破，產生所謂的市場動盪或質變。

質變必然有前兆

　　在進行經濟分析的論述時，常可看到風險與不確定性兩個辭彙。它們看似同義，卻是兩個截然不同的概念。風險實際上是指「已知的未知」（known unknowns），也就是我們事前知道未來事情演變的可能性；不確定性（uncertainty）則是指「未知的未知」（unknown unknowns），也就是事前我們根本不知道接下來面臨什麼樣的情境，更無法給這些情境一個合理的機率分配，所以無法事前準備。

　　在常態分配的誤用慣性下，金融市場參與者與風控人員過度自詡了解風險，且能加以控制，但許多時候我們常面臨的並不是風險，而是未知的未知、是質變的前兆。它靜默無聲的存在著，未被及早發現，若非是人們自大地將之輕忽，就是被一個更大的利多所遮罩，掩蓋或抵消它所發出的警訊，但並不表示它不存在。

　　誠如中國於 2001 年加入世界貿易組織之後，直接或間接為新興市場帶來激勵效果，讓部分新興國家沉浸於經濟成長被拉動的愉悅，未正視自身的結構性問題正日益加重；又如

歐元區在享受貨幣一體化的成果時，部分經濟體質較弱的國家為融入歐元區及跟上前段班國家，已十分吃力，卻又以時間能解決一切來自我安慰，直至歐債危機爆發，歐元區才願意面對現實。

近幾年來，眼見全球經濟質變的發生，研究者的理性思維為之欣喜，只因其將帶來更多值得深探的命題；而觀察家的感性心理則為之擔憂，不知此等劇變將會給民眾的生活帶來什麼衝擊。本書出版前夕，正是我緊鑼密鼓地進行今年台灣經濟預測第1季更新之時，因而對質變為全球經濟與台灣帶來的衝擊，特別有感，更冀望藉由本書的出版，能讓社會大眾對於正在進行中的世界經濟質變，有更進一步的體認。

研究之路是辛苦的、無窮盡的，各領域皆然。幸而有元大金控的強力支持，讓我與研究團隊能與當今的全球經濟金融演進同步，進行總體經濟、金融領域的短、中、長期研究。亦感謝天下遠見創辦人高希均博士的鼓勵與邀約，讓我能將觀察全球經濟發展的心得，與各界分享和交流。

本書得以順利付梓，我要感謝天下文化財經館責任編輯胡純禎小姐、元大寶華綜合經濟研究院顏承暉博士及責任編輯游子瑩小姐協助編輯和校對。最後，我要衷心感謝內人真真長期以來的支持和付出，讓我能夠無後顧之憂地專心於研究工作。

第 1 章

質變中的全球經濟

「股票市場是經濟的晴雨計」這句話，一直是市場經濟學家奉行的圭臬，但這再也不適用於後金融海嘯的時代。

次級房貸風暴引發的金融海嘯距今已接近6年，全球經濟也已從2009年6月開始復甦，但是至今仍處處可感受到海嘯遺留的後遺症。例如歐美居高不下的失業率、民間部門漫長的去槓桿化過程，以及相當疲弱且不穩定的經濟復甦力道。然而，若觀察風險性資產的走勢，卻又感受不到當前全球經濟的窘境。各國股市明顯上漲，美股甚至還創下歷史新高，原物料價格也漲回金融海嘯前的相對高檔。

不容忽視的異常榮景

為何經濟表現與風險性資產價格走勢，會出現這麼大的背離現象？一般咸認，主要國家央行推出的各項傳統性與非傳統性貨幣政策，是不可忽視的因素。

各國央行為改善金融海嘯時期的經濟衰退及之後不如預期的成長表現，從2008年開始積極地降息，並於2009年起不斷推出各項非傳統貨幣政策。

由於風險性資產價格的高低與市場投資人對此類資產的要求報酬率，呈現反向關係，所以當投資人的要求報酬率降低（提高）時，風險性資產價格就會相應走高（走低）。

　　學理上，風險性資產的要求報酬率等於無風險利率及風險溢酬的加總，而主要國家央行的傳統與非傳統貨幣政策，不但壓低殖利率曲線的位置，更由於後者的主要做法是買進長天期資產，讓殖利率曲線的斜率亦被拉平。

　　在各天期的無風險利率因寬鬆貨幣政策而被壓低的情況下，投資人對風險性資產的要求報酬率也跟著走低，進而推升風險性資產價格明顯上漲，並使它偏離經濟基本面。市場觀察家把這種因各國央行非傳統貨幣政策所造成的價格扭曲，戲稱為「中央銀行的賣權」（central bank's put）。

　　這種情境不禁讓人回想起2005到2007年的榮景。為因應網路泡沫破滅後的經濟衰退，國際主要央行相繼維持寬鬆貨幣政策，使全球充斥著大量的流動性，風險性資產也被推升到明顯偏離基本面的水準，其要求報酬率亦不分青紅皂白地被壓抑在相當低的位置。

　　當時普遍流行的自我催眠論點是，金融創新與各種科技的進步，讓全球經濟進入到一個「大平穩」（Great Moderation）的時代。不幸的是，在央行逐漸收緊貨幣政策後，尾隨而來的不僅是二次大戰後最嚴重的全球經濟衰退，而且至今仍沒有完全脫離該泥淖。

央行角色：提前預防還是事後補救？

同樣的案例也發生在1994年。在歷經6年的寬鬆後，美國聯準會（Fed）於該年開始劇烈升息，許多投資銀行與避險基金均受到重創，例如高盛集團（Goldman Sachs）、艾斯金資本管理公司（Askin Capital Management）及史坦哈特基金（Steinhardt Partners）等；加州的橘郡更因為過度壓注在衍生性金融商品而發生大量虧損，橘郡政府只好宣布破產，並藉由裁員和縮減市政服務來擠出資金以償還債務。

美國在任最久的聯準會主席馬汀（William McChesney Martin Jr.）曾說：「聯準會的工作就是在派對才開始熱起來時，就把裝賓怡酒的大碗端走。」然而，1994年及2008年的經驗卻顯示，央行常常難以判斷經濟派對到底是剛開始熱身，還是賓客們早已狂熱，且將過度豐沛的流動性視為必然；而當風險意識成為口號時，慢半拍的緊縮貨幣政策，勢必引起難以收拾的後果。

從經濟基本面的角度觀察，現今的全球經濟離狂熱仍有一大段距離，但由過去2年暴漲暴跌的金價可以看出，在過度寬鬆的貨幣環境下，金融體系實已處在一個明顯不穩定的狀態。

有些觀察家樂觀地認為，相對於1994年，當前各種市場資訊豐沛且取得容易，市場效率也大幅提高，加上在柏南克（Ben Bernanke）及各國央行的努力下，貨幣政策已變得更為

透明化且更具備預測性，發生類似當年災難的機率，應已大
幅下降。

　　但必須注意，目前各國寬鬆貨幣政策的規模及程度，堪
稱是史無前例且極具實驗性，歷史經驗或難以與目前的環境
相比擬。更何況，各國央行已無法正確權衡貨幣政策的風險
與益處，過久又過度的寬鬆貨幣政策，最終帶來的可能是災
難性的泡沫破滅。

逐漸失準的經濟預測

　　過往，國際間主要研究單位的經濟預測，總能提供大眾
依循或參考功能，但在金融海嘯後，研究機構的預測失準幾
乎成為新常態。

　　以IMF為例，2011年10月時，其預測全球經濟規模可望
在2016年達到91.6兆美元。然而，全球經濟復甦力道卻一直
疲弱，至2013年10月時，IMF已連續4度下調全球經濟預測，
並預期2016年全球經濟規模僅86.26兆美元，與2011年10月
的預測相差5.36兆美元，下修幅度達5.8%。

　　誠然，各機構在製作經濟預測模型時，往往會假定經濟
數列間存在某種數學結構關係，研究人員在預測前，也會利
用過去的統計資料找出這種關係，並據此預測未來可能的路

徑。因此，一、兩次預測失準，尚可歸因於預測者的技術不足或統計模型難以掌握等外生衝擊因素，但持續預測失準，則凸顯出預測者使用的統計模型可能已經失真，無法捕捉當下經濟運行的狀況。

因此，近年來各預測機構屢屢下修經濟預測的現象，除了金融海嘯後經濟復甦不如預期的膚淺解釋外，更深層的意義在於全球經濟已發生質的變化，且反映在4個層面上。

質變1：全球出口與經濟表現出現逆轉

質變的首項關注點，在於全球化的趨勢出現逆轉。

20世紀後期至21世紀前期，由於通訊技術與運輸的快速發展，讓生產不再需要集中在一地完成，可分拆成數個細小零件，由各國依據特定要素稟賦所對應的比較利益優勢，生產其最適合的部分，之後再透過國際貿易方式，組合成一個完整的最終產品。因此，1950～2012年間，在各國高度專業分工下，全球生產力大幅提高，帶動經濟成長，亦讓全球出口成長率大於全球經濟成長率。

然而，此趨勢在2012～2013年卻發生逆轉：自1913～1950年以來（兩次世界大戰及1930年代全球經濟大蕭條期間），首度發生全球出口成長率低於經濟成長率的情況。

　　若此現象持續下去，將代表全球專業分工增速已遠不及過往，未來生產力難以大幅成長，並影響經濟成長。況且，全球貿易活動發生質變，相當不利於出口導向國家的經濟成長動能，台灣正是一例。

質變2：新興市場強勁動能不再

　　第2個必須注意的質變現象，則是新興市場快速成長的時代可能已經過去。

　　2002～2011年為新興市場的黃金時代，其金融市場表現一直優於已開發國家，股票市值占全球比從2002年約4％快速上升，甚至升破10％。即使面臨2008年全球金融海嘯的衝擊，也只花一年不到的時間調節，就站回海嘯前的高點，讓各界大為驚豔。可惜的是，在下一個10年，新興市場卻未必能夠維持這般亮眼表現。

　　因為，主要新興市場國家除了人口眾多、國土幅員遼闊及經濟規模龐大外，各國的相似處並不多，且以不同、甚至相互掣肘的方式，推動各自的經濟發展。

　　以BRICs為例，巴西與俄羅斯是全世界數一數二的資源大國，經濟成長仰賴原物料價格高漲；但印度與中國則是全球主要的資源消耗國，原物料價格上升反而不利其經濟成長。

　　要不是過去十餘年全球網路化與新興國家城鎮化的特殊經濟環境，BRICs不太可能同時走向繁榮。畢竟，若無網路技術，印度的軟體工程師就必須離鄉背井、美國企業的電話客服也不會轉移到印度的班加羅爾（Bangalore）。

　　更重要的是，網路普及改變了全球的貿易型態，連結起分散在世界各地的生產者。廠商可立即溝通彼此的需求，將產品生產拆解成不同的製程，再根據不同生產基地的比較優勢，執行其中的某環節，進而演化成複雜的製造業供應鏈體系。也由於產品無需完全在某一地生產，部分零組件或後端組裝可發包給生產成本相對較低的新興市場，致使中國成為新製造業供應鏈體系下的最大受益者。

　　再者，中國能快速崛起，關鍵在擁有充沛且低廉的農村勞動力。過去十餘年間，其藉世界工廠之力，推行工業化及產業結構升級，並透過城鎮化及農村勞工的「進城」過程，創造龐大的房屋、基礎建設及原物料的需求，引發全球原物料等價格上漲，嘉惠巴西與俄羅斯。但如今，連結新興市場成長動能的網路化及城鎮化動能已減弱。

　　而印度的基礎建設不足，不只造成能吸納年輕勞工的製造業難以大規模發展，亦讓整體教育品質低落，無法提供足夠的合格勞工。當既有的科技業優勢被開發殆盡，市場對印度經濟的成長性便起了疑慮。

　　同樣地，過去推動中國經濟發展的勞動力優勢也正逐漸

流失。聯合國資料指出，中國勞動年齡人口占比從2010年達到73.51％高峰後即下滑，預計2030年將降至67.95％，再加上城鎮化比例已較當年明顯提高，中國的經濟成長勢必趨緩。

也難怪自2011年起，經濟合作暨發展組織（OECD）公布的BRICs領先指標便出現下滑趨勢，反映新興市場未來的成長動能，將不復金融海嘯前強勁的事實。

此外，當已開發國家的經濟景氣好轉，貨幣政策也會跟著轉向，全球流動性將不再像過去寬鬆，進而影響到某些依靠熱錢推升榮景的新興市場國家。

質變3：就業不佳恐成惡性循環

第3個質變因子，便是在本波景氣復甦過程中，令人失望的就業市場修復程度。

金融海嘯爆發後，美國失業率飆升至10％水準，即使借助各種激勵措施將失業率下壓至7％左右，但就業人口占勞動力比自2009年下半年以來，持續處於58％～59％間，未見回升，顯示美國失業問題的改善程度有限。而飽受歐債風暴拖累的歐元區，失業問題比美國有過之而無不及，除了就業人口占勞動力比例仍呈現下降趨勢外，失業率也還處於明顯攀升的狀態。

就業市場復原情況不佳，意謂全球經濟有相當大量的閒置勞動力未被使用。長此以往，勞工將逐漸喪失工作技能，不利生產力的提升，更會造成潛在經濟成長結構性下滑；再者，過多的閒置勞工代表就業市場供過於求，連帶地抑制薪資的成長幅度，影響一般受薪家庭的可支配所得，形成大部分民眾無法分享經濟成長果實的不均現象。

根據OECD的資料，大多數成員國的吉尼係數（Gini Coefficient，一般用來衡量所得分配的平均度）在金融海嘯後大多都提高，反映出貧富差距加大的情形。

就業市場改善乏力、薪資成長有限及貧富差距拉大，亦會拖累消費成長力道。因此，美國民間消費近來雖已恢復成長，卻比不上金融海嘯前的表現，歐元區民間消費也仍未掙脫衰退狀態。由於消費是經濟能否自發性成長的關鍵因素，消費持續不足，將讓總體經濟的總合需求呈現結構性超過供給，形成通貨緊縮的壓力，並影響企業獲利與經濟成長潛力。

質變4：全球人口紅利泰半消失

較少為人察覺、影響現今全球經濟質變的最後一個因素，乃為全球人口紅利消失。已開發國家中（除加拿大之外），大多數國家均已經過了人口紅利期，生產力難以快速提

升。而扶養人口持續增長，也加重政府社會福利支出的財政負擔，不利經濟成長。

相較之下，新興市場目前雖大多仍處於人口紅利期（見圖表1-1），但如中國等人口眾多的新興市場國家，也剛度過人口紅利高峰，生產力不會再像金融海嘯前提升的那麼快。其中，俄羅斯、伊朗、中國、台灣及韓國分別於2009、2010、2010、2012及2013年到達人口紅利高峰。至於仍處於人口紅利期、且人口紅利高峰未到的國家，因為經濟規模尚小，不足以扭轉全球人口紅利將盡的趨勢。

失衡問題依舊無解

在金融海嘯前就持續存在的擾動因子同樣不容忽視，其中最甚者，莫過於全球經濟仍存在嚴重的失衡問題：一是主要經濟體之間的經常帳依然嚴重失衡、二是中國經濟仍過度仰賴投資、三是跨代之間的失衡。若放任不加解決，將影響全球經濟與金融體系的穩定性。

隱患1：經常帳嚴重失衡

雖然各界總將2008年全球金融風暴歸因於美國次級房貸

圖表 1-1　新興國家人口結構狀況

	人口紅利期	平均扶養比	平均老化指數	人口負債期	平均扶養比	平均老化指數	過渡期間
俄羅斯	1953~1956 1972~1990 1996~2022 (2009)	49.23 47.86 43.33	19.71 42.57 80.94	2050~2065 2078~2100	63.18 61.92	128.86 123.47	28
伊朗	2004~2043 (2010)	43.97	42.47	2050~2100	76.47	182.30	7
中國	1999~2033 (2010)	42.34	60.85	2046~2100	72.52	182.03	13
台灣	1991~2026 (2012)	41.20	77.06	2033~2060	79.39	331.24	7
韓國	1987~2025 (2013)	40.96	62.28	2031~2100	91.73	272.90	6
泰國	1994~2030 (2014)	42.89	62.31	2038~2100	83.31	250.65	8
越南	2006~2040 (2016)	43.98	56.71	2050~2100	78.66	215.04	10
巴西	2007~2036 (2020)	46.48	52.18	2050~2100	77.40	191.91	14
土耳其	2012~2035 (2022)	48.18	47.97	2050~2100	74.68	188.91	15
印尼	2016~2040 (2026)	47.27	38.71	2072~2100	66.80	147.77	32
墨西哥	2020~2034 (2027)	49.01	46.34	2054~2100	78.30	204.75	20
沙烏地阿拉伯	2011~2048 (2034)	40.80	46.11	2057~2100	73.26	197.26	9
印度	2018~2056 (2040)	47.47	45.53	2084~2100	63.31	139.69	28
埃及	2037~2045 (2041)	49.63	40.80	2078~2100	65.25	141.47	33
南非	2029~2065 (2044)	47.99	47.54	2093~2100	61.08	125.02	28
巴基斯坦	2030~2066 (2047)	46.63	45.52	1950~2014 2099~2100	82.86 60.30	10.10 129.97	33
阿根廷	--	--	--	2051~2100	70.42	156.37	--
菲律賓	--	--	--	1950~2015 2099~2100	83.58 60.44	7.92 117.54	--
奈及利亞	--	--	--	1950~2063	80.68	6.90	--

註：括號中數字代表扶養比最低年份。

資料來源：梁國源、賴怡欣（2013），〈人口結構改變及其影響〉，《元大寶華綜合經濟研究院專題報告》，130011。

風暴，但追根究底，除了次貸問題，各主要經濟體之間經常帳失衡的情況持續擴大也難脫關係。

金融海嘯前，美國是最大的經常帳逆差國，經常帳逆差從2001年的3,967億美元擴大至2006年的7,985億美元；相對的，同時期的中國、石油輸出國、亞洲四小龍及東協，則開始累積巨額的經常帳順差。

然而，這些國家若要維持傲人的經常帳順差，勢必得持續干預外匯市場，因此導致其匯率持續偏離基本面的情況。而匯價被干預偏低的結果，將抑制經濟體的內需發展，造成全球各國儲蓄過剩（美國除外）的現象。

這些過剩的儲蓄，便流往以美國為首的經常帳逆差國，導致該等國家流動性過剩、資產價格高漲等問題，進而引發投機行為，最終形成泡沫。

金融海嘯後，全球經常帳失衡的情況依然嚴重，且持續擴大。主要經濟體之間若再不尋求國際合作，積極解決失衡問題，全球經濟與金融市場將難以長期穩定。

隱患2：中國過度重投資

在過去20年中，扮演全球經濟成長引擎的中國，如今也遭遇經濟發展失衡的重大挑戰。以往，中國憑藉著大量且低廉的勞動力與土地等要素稟賦，大幅提高生產力。前者為

出口導向的製造業貢獻龐大的人力資源，後者為國內基礎建設、房地產與製造業投資提供幾乎零成本的土地。

因此，中國經濟仰賴出口與投資，達到年平均經濟成長率近10％的輝煌紀錄，亦使其從2000年的全球第7大經濟體，至2009年躋身為第2大經濟體。

但在此等風光背後，消費占GDP的比重，已由1981年的67％下降到2010年的47％，且同期間居民部門消費占GDP的比重也從52％掉到34％，均遠低於開發中國家的平均水準（見圖表1-2）。

高儲蓄率、低消費的模式雖然成就了過去的高經濟成長率，卻也導致經濟結構對投資和出口的過度依賴。此外，長期間的過度投資，不只屯積過多閒置廠房與製造業產能，亦因大規模發展重工業，造成環境資源遭受汙染與濫用，犧牲人民的生活品質。

因此，若中國無法順利引導經濟結構轉型，盡快解決消費率偏低、投資率偏高的失衡問題，將會影響其長期的經濟成長潛力。

隱患3：全球青年失業問題

最後一個需要關切的問題，在於跨代之間的失衡。2008年金融危機後，國際普遍出現的青年高失業率問題更加惡

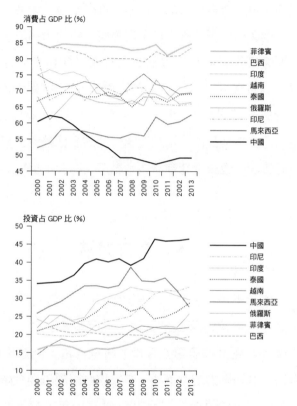

圖表 1-2　開發中國家的消費率與投資率

消費占 GDP 比 (%)

菲律賓
巴西
印度
越南
泰國
俄羅斯
印尼
馬來西亞
中國

投資占 GDP 比 (%)

中國
印尼
印度
泰國
越南
馬來西亞
俄羅斯
菲律賓
巴西

資料來源：World Bank

化，成為各國政府的治理難題。

　　青年高失業率凸顯出就業環境的惡化：青年人被迫在工作技術未成熟時，接受與自己技能不相符的低薪工作或兼職打工，導致工作狀態持續處於不穩定狀態，使得青年人難以

成家立業，進而影響生育率，惡化長期人口結構。同時，此現象也會打擊青年人的進取心，抑制社會的創造力。

全球出口與經濟表現出現逆轉、新興市場成長動能減慢、已開發國家就業市場復甦乏力及人口紅利優勢將盡等全球經濟四個質變因子，加上主要經濟體間經常帳嚴重失衡、中國消費與投資間的失衡，以及青年人失業率過高的跨代失衡現象，這些趨勢都使後金融海嘯時期的全球經濟風貌，迥異於金融海嘯前，也讓全球經濟與金融市場處於不穩定的狀態。

全書架構

值此不穩定的時期，國際間的紛爭極易升高，如近年頻仍發生的中東地緣政治風險、東亞離島爭端、歐債危機、烏克蘭（含克里米亞獨立公投）紛爭皆是。全球經濟金融秩序亟需一個強有力的領導者，來維繫國際經濟與金融秩序。

然而，20世紀後期及21世紀前10年，扮演維持以美元為主要國際準備貨幣角色的美國，領導地位已開始式微。此點不僅可從美國經濟規模占全球比重下滑看出，更可由近年來美國無法再以支配地位的優勢，平抑中東與東亞地緣政治風險，甚至無法逆轉克里米亞公投的結果，獲得驗證。

此情此景，讓人聯想到18世紀時期，工業化國家之所以

能夠維持快速的成長，且工業化進程一日千里，相當重要的原因就在於位居全球領導霸權的英國，傾力維繫金本位的國際匯兌制度，讓各國得以循序漸進地發展經濟。惟20世紀初，英國的重要性逐漸式微，各國間的摩擦也逐漸擴大，終致引發兩次世界大戰及1930年代的大蕭條。

如今，美國雖仍位居世界政經之首，卻還未能從次貸風暴的重創中，蛻變重生；歐洲依舊在解決10多年共同貨幣區所累積出的疑難雜症，並進行長期的體質調整；而強勢崛起的中國，正面臨改革開放以來，最大的結構轉型挑戰。至於其他的新興經濟體，亦有各自的難關待克服。

換言之，目前幾無一個可重整國際經濟與金融秩序的絕對強者，或應說當各主要經濟體都在質變、區域經濟強權尚待成形的階段時，本就不會有所謂的共主。因為，新世代的領導者將從質變的過程中，蘊育而出。它或許是美國、可能是歐洲，亦有機會是中國，一切就看各國如何面對眼下複雜難纏的經濟質變。

後金融海嘯的全球經濟何去何從？

本書將帶領讀者了解世界各國如何解決國內與區域的經濟與金融難題。

全書共分8章。接下來的第2章〈QE的故事〉，將為讀者

解析影響全球經濟近6年的美國量化寬鬆貨幣政策（QE），將如何以QE3的實施與減碼，為金融海嘯寫下真正的完結篇；第3章〈安倍經濟學與日本再起〉，聚焦在2013年至今的安倍經濟學，之所以讓世界矚目的原因，以及其是否真能帶領日本經濟走出長達20年的失落，重現二戰後的昭和風光。

第4章〈美國經濟巨人的前路〉，則欲透視藏在QE背後的美國，正面臨什麼樣的危機？又有什麼樣的契機，正在萌芽與茁壯？它們會把這位經濟巨人帶往何處？第5章〈且戰且走的歐元區經濟體〉將為讀者爬梳歐元區的架構本質，它在歐債爆發後的演變，以及檢視歐洲央行（ECB）的救市措施及即將運行的銀行聯盟機制，是否有效？

再者，有別於歐洲復甦有望，中國則因調結構導致經濟成長放緩。然而，比經濟數據轉差更重要的是，中國的一舉一動，都將對全球新興經濟體產生致命的蝴蝶效應。因此，第6章與第7章將帶領讀者，進一步解開BRICs與中國經濟成長動力減弱的原因。

最後，本書將從台灣觀點出發，看失衡的世界如何影響我們的生活，並帶領讀者一同找尋因應此變局的可能方式。

第 2 章

QE 的故事

美國聯準會量化寬鬆（Quantitative Easing，QE）貨幣政策堪稱百年來貨幣銀行史上的創舉。國際間對於QE究竟是全球經濟的救命索，還是易於上癮的迷藥，有諸多討論。在QE帶起的非傳統貨幣政策風潮下，已有許多研究指出，QE是一項有效的貨幣政策，的確可以讓央行在利率政策用盡後，提供需要的激勵效果。

經濟疲乏與金融緊縮，催生QE

時序回到2007年第3季。

當時，次貸問題雖未全面引爆，但國際景氣已顯疲態。根據德國調研機構Ifo的世界經濟調查（World Economic Survey）顯示，受訪專家對未來經濟預期評估分數已降至持平水準的5分之下，顯示對經濟前景轉趨悲觀，2007年第4季起全球經濟將急轉直下。而且，隨著對經濟預期的看法愈顯負面，受訪專家對經濟現況的評估指標連續4季出現下滑，至2008年第3季時，降至持平水準之下，表示受訪專家認為全球經濟陷入景氣衰退期（見圖表2-1）。

在這樣的環境下，各主要國家貨幣政策陸續轉向寬鬆，希望藉以刺激經濟成長。2007年9月，聯準會率先宣布調降聯邦基金利率2碼至4.75％，此舉不僅扭轉2004年以來緊縮的貨

圖表 2-1 從世界經濟氣候圖看景氣變化

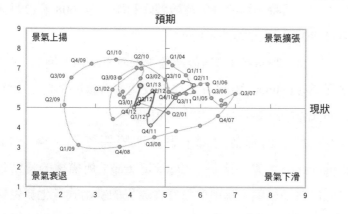

資料來源：Ifo（2013/2）

幣政策走向，更為全球寬鬆貨幣政策吹出第一聲號角。

　　但經濟始終沒有出現止穩跡象，且衡量金融市場緊繃程度的TED利差（TED spread，3個月倫敦同業拆放利率與3個月美國公債值利率的差異，可即時反應整體金融市場的風險）始終居高不下，2007年9～12月平均為1.55％，遠高於2006年平均的0.36％。TED利差擴大，代表銀行彼此間相互不信任，進而影響聯準會透過聯邦資金利率調控經濟的功效。

　　為舒緩金融市場的緊繃程度，聯準會與歐洲央行（ECB）、加拿大央行、英國央行（BoE）、瑞士央行聯手在2007年12月12日推出實驗性的貨幣政策工具 ──「短期標售工具」（Term Auction Facility，TAF），讓所有銀行都可以直

接向聯準會融通需要的資金，免除在貼現窗口借錢可能引起
的不安。同時，聯準會仍持續調降利率，至2008年12月便降
至目前0%～0.25%的新低。

然而，2008年3月貝爾斯登（Bear Stearns）倒閉、9月雷
曼兄弟（Lehman Brother）宣告破產，仍讓聯準會自2007年
12月起做的所有努力，難以力挽狂瀾。

在利率已降無可降，眼看即將要落入克魯曼（Paul
Krugman）「流動性陷阱」（liquidity trap）所描繪的貨幣政策
失效的惡性循環。聯準會只好從原先的被動式量化寬鬆貨幣
政策，轉為主動式，於2009年3月宣布進行1.85兆美元的購
債計畫（包括機構債、房屋抵押貸款證券〔MBS〕及長天期
公債），亦即市場所謂的「第一次量化寬鬆」（Quantitative
Easing 1，QE1）政策。

各階段操作的目標與方式皆不同

一般認為，聯準會是在2008年12月利率降至0%～
0.25%後才正式執行QE。其實，早從2007年底起聯準會便已
展開QE。

回顧QE的歷程，聯準會的QE大略分為3大時期[1]：

- 以TAF、短期融券工具（Term Securities Lending Facility，TSLF）及主要交易商融資工具（Primary Dealer Credit Facility，PDCF）等方式進行的被動式QE時期（2007年12月～2009年3月）。
- 以直接購債方式進行的主動式QE時期（2009年3月～2010年6月，即QE1；2010年6月～2012年9月，即QE2；2012年9月至2013年12月，即QE3）。
- 2013年12月至今的QE3減碼時期。

再者，很多人將QE過分簡化為只是大印鈔票而已，事實上它的運作有更深層的內涵。

一開始，QE僅先改變資產負債表的組成（規模不變），也就是在不影響廣義貨幣供給下，將央行所持有的公債或國庫券在市場上換成民間信貸工具；直到經濟及金融情勢持續惡化，才透過擴大資產負債表（改變組成和規模），在市場上直接買入這些風險較高且流動性較差的資產。

例如被動式QE的前期（2007年12月～2008年9月間），美國面臨相當嚴重的通貨膨脹壓力，所以聯準會的QE操作僅

---

1. 若以聯準會採行的貨幣政策及其效果加以區分，被動式QE時期又可拆分為2007年12月～2008年9月及2008年9月～2009年3月兩個時期，使整個QE歷程可細分成6個時期。而2007年12月～2012年9月間，聯準會QE的詳細運作與成效，詳見《全球經濟這樣看—梁國源帶你解讀投資新地圖》（天下文化，2012）一書之〈第二部 美國老大哥退役？〉章節。

透過TAF等工具，減少公債及國庫券的持有，增加放款與較低流動性的資產，以改變其資產負債表的組成。

在金融海嘯最嚴峻時期（2008年9月～2009年3月），美國金融體系出現嚴重的「信貸擠壓」（credit crunch）危機，僅轉變資產結構已無法緩和金融市場的緊繃，因此聯準會正式透過擴大基礎貨幣來穩定金融體系，而聯準會的資產規模也自此明顯擴大。

此外，即使同樣都是主動在市場上購入有價證券，但在不同時空環境下，操作的目的亦各異，就像QE1是希望透過降低房貸與長天期公債間的風險利差，恢復房屋市場的機能，QE2則是期待降低長短天期的利差，達到支撐經濟成長的效果。

第三次量化寬鬆：無上限承諾

正當國際間揣度QE2及2次（2011年9月和2012年6月）扭轉操作（Operation Twist）「應該是」非傳統貨幣政策的尾聲時，柏南克卻於2012年8月31日傑克森霍爾會議（Jackson Hole，詳見2.1章〈全球央行風向球：傑克森霍爾會議〉）上表示，儘管近期美國經濟見到一些復甦跡象，但速度仍不足，且失業率偏高，因此聯準會將適時推出非傳統性貨幣政策，

以增進復甦速度。這導致市場期待聯邦公開市場操作委員會
（FOMC）在當年度9月的例會，推出額外的寬鬆貨幣政策，
甚至不排除第三輪量化寬鬆（QE3）。

　　不過，市場沒有料到的是，聯準會不但推出QE3，甚至
作出史無前例的無限期承諾：每月買進400億美元MBS，並
延長低利率承諾至2015年中，且2012年6月延長的扭轉操作
亦持續運作。

　　聯準會採行如此大規模的資產購買，是期望能透過下述
管道來有效激勵經濟。

　　首先，直接的資產購買將會壓低長天期債券實質殖利
率，並向市場傳達央行持續進行寬鬆貨幣措施的時間，超過
市場原先的預期。如此一來，投資人對未來聯準會升息時點
的預測將會延後，加大長天期債券實質殖利率下降程度，減
輕消費者與企業的實質信貸成本。

　　其次，大規模資產購買也會減輕家庭與企業對通縮的擔
憂；第三、如同這次購買MBS般，針對性的資產購買將可修
復金融市場的機能，有助特定部門信貸條件。

　　柏南克強調，QE3可以拉抬資產價格，產生財富效果以
激勵需求，企業可因此提高雇用及投資。由此可知，QE3可
透過壓低信貸成本及提高財富效果兩個管道激勵美國經濟。

　　不過，過去聯準會推出量化寬鬆政策時，除了講明規
模，還會清楚提出政策的終止時間。但對於第三次量化寬鬆

政策，FOMC只表示，如果就業市場展望沒有顯著好轉，在物價穩定的前提下，聯準會將持續進行QE3。對此，市場將其戲稱為「QE無限」（QE infinity）。

但是柏南克並沒有明說怎樣的經濟狀況，才算是復甦基礎已經穩固。市場大多認為，既然QE3的主要目的為解決美國高失業率問題，就代表失業率是決定QE3要進行到何種程度的關鍵。

路透社（Reuters）在QE3推出後，對47個市場經濟學家進行調查，他們多數認為，在失業率降至7％時，聯準會才可能考慮停止QE3。而聯邦準備銀行芝加哥分行總裁埃文斯（Charles L. Evans）則表示，只要失業率高過7％，聯準會即應採行應對的寬鬆政策。

同時，聯準會在該次的會議中還公布與會官員對美國各經濟變數的預測，指出2014年第4季時美國失業率預測值為6.7％～7.3％，亦即QE3很可能持續到2014年底；若經濟復甦不如預期，QE3有可能施行到2015年。

假設QE3持續到2014年底，則以每月400億美元的MBS購買量計算，聯準會將會額外增加1.12兆美元的MBS購買，加計年底扭轉操作到期前1,800億美元的長天期公債購買量，聯準會共將買進1.3兆美元的資產（見圖表2-2）。

圖表 2-2　QE1、QE2 及 QE3 比較

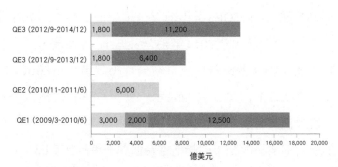

註：QE3 中的公債購買量為 2012 年 6 月所宣布的扭轉操作。
資料來源：元大寶華綜合經濟研究院整理

為什麼非推出 QE3 不可？

　　QE3的推出可說是一項艱難的決定，因為當時聯準會並沒有非得推出的道理。

　　就客觀條件而言，2012年第3季美國經濟成長動能仍算溫和。7、8月份零售銷售分別月增0.8％及0.9％，且消費者信心上揚，而8月份美國供給管理協會（ISM）服務業指數也上升至53.7。同時，美國新屋與成屋銷售增加，房價逐月上漲。整體經濟環境不算太差，不像聯準會推出QE1及QE2時所面臨的二次衰退風險。也因此，美國政壇及聯準會內部，都曾對推出QE3一事，表示異議。

共和黨總統參選人羅姆尼（Willard M. Romney）在QE2
實施時，就曾大加批評，並一度指責柏南克這種大印鈔票的
行為形同叛國。而在QE3推出前夕，羅姆尼更揚言，如果當
選下一任美國總統，在2014年柏南克任期結束後，一定會
把他換下台；聯邦準備銀行里奇蒙分行總裁雷克（Jeffrey M.
Lacker）於QE3推出後亦公開表示，就算QE3對經濟成長有
效果，也是極其有限，且難免推高通膨。

那麼，柏南克所領導的聯準會為何執意要推出QE3？

失業率是關鍵

美國失業率雖從2009年10月達到10％的高峰後即開始改
善，但至2012年8月仍高居8.1％，明顯高於聯準會認為的合
宜區間（5.2％～6.0％）。而且，美國在金融海嘯時期喪失了
877.9萬個工作機會，至QE3推出前，也僅回復405.6萬個。
顯然，在可預見的未來，仍屬溫和的美國經濟，無法達到其
促進最大就業的政策目標。

柏南克在宣布QE3啟動時表示，就業市場的疲弱困擾
著每一個美國人，而高失業率更讓數以百萬計的美國人生活
陷入困頓。對美國經濟而言，這些具有工作技術及能力的失
業人口，沒有機會發揮應有的生產力，不貲是龐大的資源浪
費，且隨著失業期的拉長，這些勞工將會逐漸喪失其工作技

能，更不利長期經濟發展。

財政懸崖的壓力

除了積極提升就業市場動能外，預先防範2012年年底美國面臨財政懸崖（fiscal cliff）可能帶來的經濟下行風險，也是聯準會不得不推出QE3的重要原因之一。

依當時法律規定，若2012年年底到期的薪資稅減免及失業補助週數延長法案未獲展延，或政府債務上限無法提高，2013會計年度美國財政赤字將可大幅減少6,070億美元。表面上看來，2013年赤字不再像過去幾年一樣快速攀升，而仿如懸崖般陡降，有助美國財政體質的調整，但實際上卻會對2013年經濟立即產生不利影響。

美國國會預算局（CBO）報告便指出，若無法在年底前通過法案填平財政懸崖，2013年上半年經濟將負成長1.5％，即便下半年恢復成長，成長率也僅及1.0％。同時，消費者與企業信心恐因財政懸崖趨於不振，部分民眾或將提前減少生活相關支出，削弱民間消費力道；企業則擔憂財政懸崖成真後，將抑制民眾消費意願，從而減少生產與投資、雇用人力也會趨於保守，妨礙經濟延續溫和擴張態勢。因此，聯準會推出QE3等於為經濟買了一份保險。

QE3宣布前，市場咸認聯準會有逕行推出QE3、延長低利

率至2014年之後，或者調降銀行在聯準會之存款準備利率25
個基點等3個選項。但聯準會不僅執行其中兩項，而且持續進
行扭轉操作。對此，長期主跑聯準會的資深記者哈汀（Robin
Harding）於隔天的《金融時報》（*Financial Times*）撰文指
出，QE3是聯準會自金融海嘯以來的大動作之一，更是其首
次將貨幣政策與經濟情勢相聯結，且有「不達目的，絕不罷
手」的態勢。

QE對美國經濟的影響

對比金融海嘯後美國與歐元區經濟成長可知，QE1及QE2
對美國經濟的確有一定程度的激勵作用。2010～2011年美國
平均經濟成長率達2.38％，優於不願意進行大規模QE的歐元
區平均經濟成長率1.65％。

聯邦準備銀行舊金山分行總裁威廉斯（John C. Williams）
及何思鐘（Hess Chung）、拉弗特（Jean-Philippe Laforte）、
雷佛史奈德（David Reifschneider）等3位隸屬於聯準會的經
濟學家曾撰文指出，前2次QE約提升美國經濟成長率3個百
分點，並創造近200萬個工作機會。而其他學者研究所得出的
效果雖然較小，但研究結論大多指向QE有助美國經濟成長。

QE對於金融市場的影響則更為顯著。在外匯市場方面，

由於 QE 一方面壓低美元借貸成本，啟動借美元投資海外資產的利差交易；另一方面，金融海嘯後，美元資產成為全球主要的避險去處，但 QE 推出後，有效削弱市場風險趨避意識，亦使得美元指數走弱。而且，QE 除了提供市場巨額流動性外，也代表聯準會對支持經濟成長的強力承諾，以致於 QE 推出後，皆可提供市場一段時間的穩定力量，並激勵風險性資產價格上漲。

在債券市場方面，雖然聯準會在 QE3 展開後，將買入長天期債券。不過，從過去兩次 QE 經驗可知，QE 推出並不代表各天期的公債殖利率皆會走低，因為 QE 會升高市場對通貨膨脹的預期，也會壓低市場利用公債避險的意願。因此，中長期公債殖利率在 QE 時期，都曾出現一定程度的上升。而 QE3 推出後，市場對美國中長期通膨預期也相應升高。[2]

除了支撐經濟成長和金融市場外，QE 也推升了原物料價格。較易受到投機性資金吹捧的原油、銅及黃金價格，在 QE1 期間分別上漲 116.29％、20.76％、125.07％，QE2 期間分別上漲 51.97％、25.78％及 25.53％；農產品價格較易受到天候因素影響，在 QE1 時期因收成狀況穩定而沒有明顯的漲幅，QE2 時期的小麥、玉米及黃豆價格，則分別上漲

---

2. 從 9 月 12 日到 9 月 18 日期間，2、4、5、10 及 20 年期 TIPS 隱含通貨膨脹率，分別上升 0.10、0.13、0.14、0.16 及 0.18 個百分點，並帶動同天期公債殖利率上揚。

13.18%、69.38%及34.85%。

　　同樣的，原油、黃金與銅的價格從2012年8月31日起，也開始反應QE3預期而上漲，而農產品價格適逢收成季節及南美洲耕地面積大增等其他因素影響，表現較為疲弱。

　　整體看來，QE的確有助於實體經濟加快成長。加上QE壓低美國利率，引發美元利差交易，導致美元外的貨幣走升，且市場風險趨避意識減弱，致使風險性資產價格上揚。

QE退場後的全球經濟走向

　　無庸置疑，QE的一舉一動，代表美國經濟的最新變動，更牽動國際金融市場的敏感神經。

　　為避免重蹈1994年間聯準會在資訊不對稱下快速拉升利率，造成金融市場大震盪的慘痛教訓，聯準會應允QE將以 —— 進程緩和、透明化以及資訊公開3項原則進行退場。同時，也表明QE將分3個階段退場：第一階段為縮減（tapering）資產購買的規模、第二階段是停止購買資產，這也代表寬鬆貨幣時代的結束；第三階段則是讓資產負債表逐漸縮小至正常水準。

　　對美國而言，QE3減碼與經濟景況高度連動，減碼規模及時程皆不宜冒進。尤其是QE3減碼將帶動殖利率走揚，稍

有差池，便會衝擊到房屋市場，進而拖累經濟復甦的腳步；而對全球來說，QE3減碼的外溢效果，更使部分經濟體動輒面臨金融市場的崩盤危機。

2013年5月下旬，聯準會主席柏南克於國會聽證會的發言內容，以及FOMC會議紀錄，都顯示聯準會與美國官方對於縮減QE3每月買進資產速度，已形成共識──只要未來幾個月，美國就業市場數據能夠維持目前的改善速度，且聯準會可確認年初的薪資稅調升及3月啟動的自動減赤機制，對美國經濟沒有造成太大的負面影響，屆時聯準會將著手縮減QE3資產買進速度。

依照聯準會的說法與態度，可知QE減碼或退場的意義，不單是貨幣政策的改變，更是美國經濟巨人再起的前兆，而如今在市場上引領風騷的新興市場，勢必全部退居次位，使國際經濟情勢出現異於現況的快速變化。

而4月間國際才剛開始討論「三速復甦[3]」模式，日本於5月間就因出口成長、消費信心增加等正面因素，讓日本從第三級晉升為第二級；如果美國經濟大幅好轉，使復甦速度在短期間內加快，全球經濟將會呈現截然不同的面貌。

---

3. 2013年4月，IMF總裁拉加德（Christine Lagarde）提出全球經濟正處於三速復甦（three-speed recovery）的觀點。拉加德認為，由於各經濟體所面臨的問題各異，使其在整體國際景氣帶動下，呈現三種復甦態勢，包括相對屬於高速復甦的亞洲新興國家、復甦速度稍微平緩的美國，以及復甦速度較慢的歐元區與日本等。

只不過,在受惠於美國經濟再度走強的利多之前,新興
國家就得先遭受一場不小的震撼教育。

新興市場資產價格扭曲

在QE效應下,已開發國家債券或具有孳息特性的資產殖
利率,都被壓低到不合理水準,而全球主要央行又持續實施
量化寬鬆政策,導致市場閒置的流動性不斷擴大,並積極尋
覓出口。於是,對收益率飢渴的資金,紛紛將眼光轉往新興
市場的高殖利率資產。

大量的資金流入新興國家,雖有助於消費與投資成長,
但對於生產力卻無實質提升,新興經濟體的出口競爭力反因
匯率升值而受害。更麻煩的是,這些湧進新興市場的資金,
大多流向證券及衍生性金融商品。

即使有部分資金是在直接投資上,但卻集中於少數國
家,且比例遠不及證券及衍生性金融商品。也因為流入的資
金大多未投入具有實質生產性的部門,以致於部分新興市場
信貸成長明顯加快,且偏離長期趨勢(見圖表2-3)。

因此,在2009年3月QE1問世後,接受國際熱錢流入的
新興市場資產價格便節節走高,但當聯準會於2013年5月中
旬透露QE3減碼意願後,投資人開始擔憂這些資產價格是否
已偏離基本面。

圖表 2-3　**主要新興經濟體信貸變化狀況**

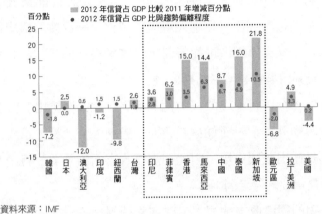

資料來源：IMF

　　為避免熱錢流出時，持有的資產發生巨額虧損，以及在不想當最後一隻老鼠的心理因素驅動下，國際資金從5月下旬起開始撤出新興市場，造成其股、匯、債市表現疲弱，資產價格大幅修正，宛如1997年亞洲金融風暴初期的場景。

不至於重演亞洲金融危機

　　的確，目前新興市場面臨的困境與1997年的亞洲金融危機相似，前因都是全球流動性的氾濫，導致資金著眼於高收益面，卻忽略資產評價及實質基本面，造成資產價格過度偏高。而且，流入的熱錢同樣壓寶在不具生產性的證券與衍生

性金融商品投資。

不過，這次情況與1997年不同之處，在於目前新興市場的基本面相對較佳，發生大規模區域性金融危機的機率甚低。進一步探究原因，可從新興市場國家現今的經常帳、外匯存底及外債多寡等情形剖析。

首先，對新興市場的任一國家而言，QE3釋放出的流動性即代表國外資金，而QE3減碼則是指國外資金投入量將減少，或是撤出該國市場。因此，國際收支面的強弱，將是基本面中最重要的考量因素。

一國的國際收支強弱，反映在兩個層面，一方面是當該國保有經常帳順差時，代表其生產不僅提供國內需求，也支撐國外市場，亦即國家運作並不需仰賴國外資金。所以QE3減碼並不會對其經濟產生嚴重的負面影響；另一方面，若一國經常帳呈現赤字，意味著經濟運作需要仰賴國外資金。因此，當QE3減碼時，經濟可能失去支撐而受到衝擊。

觀察全球新興市場現況，可發現主要新興經濟體的經常帳盈餘，雖然自金融海嘯後逐漸減少，但與1997年亞洲金融風暴時，大多數新興經濟體都出現經常帳赤字的情況相比，目前除了中東歐之外，經濟規模較大的亞洲、東協、獨立國協及拉丁美洲等新興經濟體，其經常帳收支都較1997年前改善，顯見並無全面性的國際收支失衡壓力（見圖表2-4）。

況且，1997年亞洲金融風暴之所以迅速蔓延，主要是受

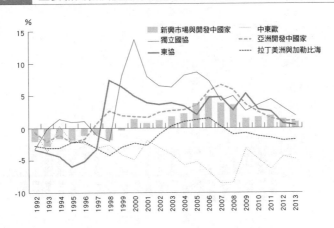

圖表 2-4　主要新興經濟體經常帳收支占 GDP 比

資料來源：IMF

到波及的新興經濟體外匯存底不足且外債過高。但如今只有
經濟規模較小的中東歐，外債趨於惡化，其餘經濟規模較大
的亞洲及拉丁美洲等新興市場，外債占國內生產毛額（GDP）
比重均趨於縮小。

　　若再比較1996年和2012年新興市場國家短期外債占外匯
存底比（見圖表2-5）亦能得知，在1997年出現經濟危機的國
家，大多是外債明顯高於外匯存底者。若以50％為基準，當
外債對外匯存底比位於50％的分界點以下，表示該國外匯存
底為短期外債2倍以上，也就是外匯存底至少可支應2年內不
發生債信危機。

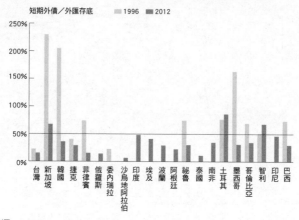

圖表 2-5　1996 年和 2012 年短期外債占外匯存底比例

資料來源：JEDH、Bloomberg

　　就 2012 年的數據看來，大多數新興國家短期外債占外匯存底比，均較 1996 年改善，且低於 50％的分界點，顯示短期內出現債信危機的機率並不高。

　　此外，目前多數新興市場國家皆施行浮動匯率或管理浮動匯率，降低 1997 年市場預期固定匯率將崩潰而進行無限量套利，所引發通貨危機的可能性。因此，在經濟體體質相對健康、經濟成長大多優於先進國家的現況下，1997 年重挫新興市場國家的夢魘不致於全面重演。

外匯市場脆弱國家受衝擊

　　QE3減碼雖不至於引發全球性或區域性的新興市場系統性風險，但部分基本面嚴重偏離的經濟體，且外匯市場和資本市場較脆弱的新興國家，仍有可能出現小規模的金融動盪。

　　就外匯市場的脆弱性而言，除了經常帳收支是重要的觀察指標外，一國匯率的相對高低，也會影響其外匯市場的健全程度。如果，一國匯價明顯低於基本面時（亦即匯價相對便宜），外資投入該國資產的意願就會增加，熱錢流出的意願也不會太高；反之，當一國匯價明顯高於基本面時，外資為避免匯價損失，投入該國資產的意願就會降低。

　　若以購買力平價（PPP）做為衡量指標，並經巴拉薩—薩繆爾森效果（Balasa-Samuelson Effect，指經濟成長率愈高的國家，薪資實質成長率與實際匯率也上升愈快的現象。）調整後得知，當評價指數大於零，代表該國名目匯價低於基本面；相反地，當評價指數小於零，表示該國匯價高於基本面。最後，再同時考量經常帳占GDP比及匯率高低估比，便可檢視一國外匯市場的脆弱程度（見圖表2-6）。

　　經過經常帳收支、購買力平價及匯價高低等三道程序檢視後，不難發現在QE3減碼傳聞甚囂塵上、新興市場恐慌加劇期間，匯價出現明顯修正者，多屬於外匯市場相當脆弱的國家，例如印尼與巴西從5月22日～9月6日匯價累積貶值，分別達15.3％及14.4％。

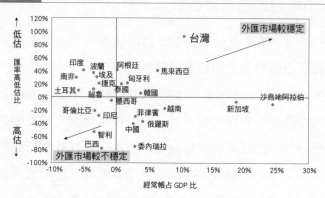

註：經常帳占 GDP 比為 2012 年資料；匯率高低估比為實際匯率與 PPP 差距，並經 Balasa-
Samuelson 效果調整。

資料來源：元大寶華綜合經濟研究院依據 Bloomberg、IMF 資料計算

資本市場愈脆弱愈騷動

其次，如果一國資本市場脆弱程度高，QE3 減碼時，金融市場也較易受到衝擊，而資本市場的脆弱性，則反映在評價與流動性等兩個層面。

以評價而言，若一國資產價格本來就偏高，當 QE3 減碼時，市場自然會有誘因率先出脫此類資產，造成該國金融市場出現動盪。也就是說，在 QE3 減碼時，外資撤出該國的規模相對較大。同時，由於 QE3 減碼將促使市場思考資金調度的效率，導致流動性較差、資金不易進出的國家，會面臨國

外投資人因避險考量，而預先減少或撤出這些地區的投資。

　　若以元大寶華綜合經濟研究院研制的股市綜合評價指標，以及世界銀行編製的經商容易程度指標，便可深度解讀一國資本市場的評價與流動性狀態。

　　當某一新興國家同時存在股市評價低（即股價較便宜）且經商容易度高等要件，即便 QE3 減碼，外資大規模且持續撤資的意願也不會太大；但如果一國同時存在股市評價過高且經商容易度低等因素，QE3 減碼將導致外資先進行資金調節，對該國金融市場會產生較大衝擊。因此，從新興國家金融市場於 2013 年 5 月 22 日～ 9 月 6 日期間的數據得知，菲律賓、印尼、巴西及印度屬於資本市場較脆弱的族群（見圖表2-7）。

　　再進一步綜合外匯與資本市場評價來看，當這兩項指標愈高，顯示該國國際收支健全，且資本市場的風險承受度高，QE3 減碼不會產生太大的影響。但如果這兩項指標愈低，顯示該國同時面臨國際收支與資本市場脆弱的結構性問題，QE3 減碼將明顯衝擊該國金融市場。

　　如圖表2-8所示，巴西、智利、菲律賓、印尼及哥倫比亞的外匯與資本市場皆較脆弱。菲律賓股市（5 月 22 日～ 9 月 6 日期間）修正幅度甚至高達20％。相對來說，波蘭、匈牙利、馬來西亞及韓國的外匯與資本市場較為健全。

圖表 2-7 資本市場脆弱程度

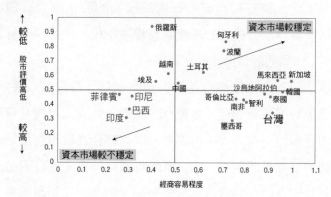

註：股市評價基準日至 2013/9/6；經商容易程度指標取得自世界銀行；股市評價高低為
　　PB、PE、forward PE、PS、EV、EBIDTA、股利率等指標加權指數。
資料來源：元大寶華綜合經濟研究院、 Bloomberg、世界銀行

圖表 2-8 外匯市場與資本市場綜合衡量

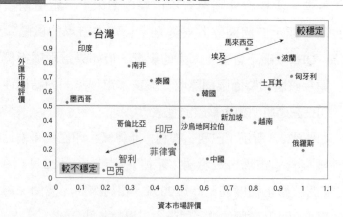

註：資本市場評價指標為經商容易程度與股市評價高低的綜合指數；外匯市場評價指標為
　　經常帳占 GDP 比與匯率高低估比的綜合指數。
資料來源：元大寶華綜合經濟研究院

資本市場脆弱程度衡量指標

　　元大寶華綜合經濟研究院匯整各新興國家的股價淨值比（PB）、本益比（PE）、遠期本益比（forward PE）、價銷比（PS）、隱含價值（EV）、息前稅前折舊及攤銷前收益（EBIDTA）、股利率等指標進行統計處理，研制出股市綜合評價指標。

　　當此指標數值愈高，代表該國股票市場評價相對便宜，投資價值也較高。當QE3減碼時，市場不至於大幅出脫資產，金融市場也較穩定；相反的，當指標數值愈低，就表示該國股票市場評價相對昂貴，一有誘因出現，市場將先獲利了結，導致該國金融市場出現騷動。

　　世界銀行的經商容易程度指標，則為綜合一國政經發展、金融、法律等體制情況編製而成，其指標愈高，顯示外國人在當地經商愈容易，外國資金進出當地的流動性愈大；指標愈低，代表外國人在當地經商愈困難，外國資金進出當地的流動性愈低。

QE3退場方式眾說紛云

在2013一年一度的全球央行年會中[4]，與會的央行總裁及學者，紛紛發表對美國QE退場的看法。

墨西哥央行總裁卡爾斯丹（Agustin Carstens）、巴西央行副總裁佩雷拉（Luiz Pereira）便表示先進國家央行在進行量化寬鬆貨幣政策退場時，需考量其對新興市場的外溢效果，並應推出明確且可與市場對話的機制。

IMF總裁拉加德（Christine Lagarde）除了提醒聯準會，在決定實施減碼時，需清楚地說明「何時開始進行、如何開始」外，亦建議主要國家央行或可利用換匯協議建立防線，以減緩QE3減碼外溢效果的衝擊。

相較於國際間的聲聲呼籲，聯邦準備銀行亞特蘭大分行總裁洛克哈特（Dennis Lockhart）及聖路易分行總裁布勒德（James Bullard）則認為，由於聯準會政策考量的重點為美國經濟，因此即便QE3減碼或將影響全球市場，卻非影響聯準會決策的變數。

由此得知，聯準會政策制定者與市場參與者對美國貨幣政策走向的認知，有相當程度的落差，而金融市場反映QE3減碼的動盪，更凸顯出雙方間未有「充分溝通」的景況。

落差1：
前瞻指引真能緩解減碼衝擊？

聯準會與市場之所以會產生認知落差，原因之一就是市場對「前瞻指引」（forward guidance）政策缺乏信任。

前瞻指引的概念起源於2004年柏南克與萊因哈特（Vincent Reinhart）在〈極低短期利率下的貨幣政策操作〉（Conducting Monetary Police at Very Low Short-Term Interest Rates）文中提及，零利率下的3個非傳統性貨幣政策手段：承諾投資者未來的短期利率，將比他們目前所預期為低；改變聯準會資產負債表的組成；擴大聯準會資產負債表的規模。

第一個手段便是如今成為主要央行貨幣政策的一環、蔚為風潮的前瞻指引。除了美國之外，2013年7、8月起，ECB與BoE亦跟進採用。

前瞻指引可分成非條件式和條件式兩種，前者又分成軟性（soft）、保守的做法，如2008年12月起承諾在未來一段時間，將維持低利率水準；以及硬性（hard）、有決心的做法，如2011年8月起承諾於特定日期前，聯準會都不會調整聯邦資金利率。

---

4. 全球央行總裁年會於每年夏季假美國懷俄明州傑克森霍爾（Jackson Hole）召開，故又被稱為傑克森霍爾會議，2013年的會議於8月23至24日舉行，主題為「非傳統貨幣政策的全球面向」。

非傳統性貨幣政策的瑕疵

然而，這3種做法都存有結構性瑕疵。

首先，軟性的做法並沒有明確說明零利率到底會維持多長一段時間，加上這種政策會被推出，就表示當時經濟極端不利，市場本就預期未來一段時間央行不會升息。因此，聯準會從2008年12月推出至QE1施行前，該政策幾乎無功效；2013年7、8月ECB與BoE分別推出相同做法後，公債殖利率也沒有如預期獲得壓抑，歐元與英鎊更明顯走強。顯見，軟性做法對塑造市場預期成效有限。

其次，硬性做法有可能讓央行喪失貨幣政策的彈性，導致貨幣政策可能出現時間不一致性的問題，例如當央行已承諾將低利率水準維持一段時間，但經濟情勢卻出現預期外的變化時，央行不得不在承諾時限內升息，進而導致其可信度下降。

條件式前瞻指引出爐

聯準會自2012年12月起，改採介於軟性與硬性做法的條件式前瞻指引。條件式前瞻指引把低利率承諾與經濟成長和通貨膨脹率等經濟數據連結，比起軟性做法多了點承諾，又比硬性做法多了些政策彈性。

如聯準會於2012年12月承諾，在未來2年通貨膨脹率預期不超過2.5%的前提下、失業率未降至6.5%前，聯邦資金利率都將不會調整。但若有必要，聯準會透過明顯調高未來2年的通膨預測，就可在失業率沒有降至6.5%前，便提前升息。

不過，條件式前瞻指引亦有缺點，因為單靠失業率與通貨膨脹率，無法有效地描繪經濟全貌。例如失業率下滑，且勞動參與率也相應下降時，就不能解讀為就業市場趨於健全；又若通貨膨脹率下降的主要原因是政府的健保改革，便不能解讀為陷入通貨緊縮。因此，當這些經濟數據出現異常時，央行就不得不出面消毒，重申既有的貨幣政策走向，以免市場做出與央行思維相違的想像。

例如，2013年年中美國失業率明顯下降時，聯準會就表示，各界不宜將其解讀成零利率政策會提前結束。因為，如果失業率降低，是導因於勞動參與率等不健全改善，那麼即便失業率觸及到6.5%的升息門檻值，聯準會依舊會維持長期的低利率政策。

政策透明化的後遺症

此外，條件式前瞻指引的另一目的，原是希望透過政策更透明化，來強化貨幣政策的效力，這也是柏南克接任美國聯準會主席後，致力於貨幣政策決策過程透明化及公開通膨

目標的主因。

同時,為加強與市場溝通的有效性,聯準會陸續推出深化對話機制。

先是將經濟情勢的預測次數從每年2次增至4次[5],接著在每次的經濟預測中,加入成員們對美國長期經濟成長、失業及通膨的預測,讓市場可透過比對短期與長期預測,了解當前美國經濟情勢與聯準會兩大政策目標(維持物價穩定及促進最大就業)之間是否出現偏離情形,以及程度如何[6];且在預測公布後,由聯準會主席親自舉行公開記者會,直接與媒體面對面溝通,向市場更清楚地傳達聯準會的貨幣政策走向[7]。

最後,更進一步在經濟預測中,加入成員們對聯邦資金利率走向的預期,並宣布2%的通膨目標[8]。至此,聯準會貨幣政策法則化,進入歷史性的新階段。

這些對話機制推出時,皆讓市場目光為之一亮,更信賴柏南克與聯準會欲與市場充分溝通的用心。但事後看來,過度透明化的結果,反而讓市場看清央行的無力感,亦削弱過去保持神祕感而塑造出的央行可信度。

法則替代權衡

近30年來，全球主要國家央行的貨幣政策，皆遵循1976年諾貝爾經濟學獎得主、貨幣學派大師弗利曼（Milton Friedman）所提出的「法則替代權衡」概念。

弗利曼認為，貨幣政策採取權衡做法，雖然讓央行擁有彈性的政策空間，卻也會導致經濟陷入更不穩定的狀態。因此，他認為央行應以法則替代權衡，透過較嚴格的法則，使貨幣政策發揮穩定經濟的作用。

不過，在前所未見的金融海嘯衝擊下，全球央行近年來的貨幣政策多傾向權衡運作，而柏南克在聯準會主席任期的最後2年，則有讓貨幣政策重返法則的態勢。

---

5. 2007年11月FOMC會議決議。
6. 2009年2月FOMC會議決議。
7. 2011年4月FOMC會議決議。
8. 2012年1月FOMC會議決議。

落差 2：
QE3 動態不明，引發市場雜音

縱使柏南克及聯準會積極與市場對話，但市場仍無法有效解讀QE3減碼的訊息。為什麼在聯準會陸續建立對話機制後，仍然出現這種情況？

破壞雙方溝通隱形橋樑的第一槍，就是柏南克於2013年5月表明，若下半年經濟符合預期，QE3將逐步減碼，讓市場對維持QE3的希望頓時破滅，並開始對美國經濟復甦力道與聯準會的前瞻指引，產生各種想像，從聯準會委員的鷹鴿派角力劇情，至升息時點臆測紛紛出籠。

但就在市場對QE3減碼沙盤推演了4個月後，FOMC卻在9月18日決議維持購債計劃不變，量化寬鬆政策不會減碼，讓全球股、匯、債市及商品價格隨即「反向」暴衝、指標性的道瓊指數等股市大漲；在美元疲軟下，歐元、亞幣全面揚升，將5月以來的悲觀氣氛，一掃而空。

這種反覆從希望到失望的過程，加劇金融市場的擾動，顯示市場參與者與貨幣決策者間的巨大落差，亦提高聯準會與市場的對話難度，猜測政策走向的雜音不斷。

例如在柏南克主席任內最後一次主持FOMC會議（2013年12月17、18日）前夕，彭博社（Bloomberg）的調查指出，在67位市場經濟學家中，僅有22位認為FOMC會在本週

會議中宣布QE3減碼，其他43位對聯準會到底會在2014年哪一個時點開始減碼，缺乏共識。此情況與9月18日的調查大相逕庭，當時64位經濟學家中有44位表明，FOMC將在9月的例會宣布QE3減碼。

　　這種市場經濟學家缺乏共識的情況，正是9月18日QE3說退不退的後遺症，亦使葉倫（Janet Yellen）接手聯準會後，不只要承擔讓美國貨幣政策正常化的重責大任，更要面對市場對其政策方向的質疑。

「謹慎女王」的第一步？

　　美國貨幣政策是否真的會轉向？隨著全球經濟復甦幅度增強、聯準會啟動QE3減碼，各大調研機構提出的市場展望報告，皆呈現出債券殖利率將持續走高、美元可望升值的普遍共識。但這項共識是否真能成真？

　　在美國經濟尚未出現強勁復甦力道之前，進入葉倫時代的聯準會，貨幣政策依舊會維持寬鬆基調。

強勁復甦前，貨幣政策寬鬆依舊

　　在2013年11月中旬的國會提名聽證會中，葉倫便指出：

「我相信,目前藉由寬鬆貨幣政策來推動經濟復甦,是讓貨幣政策回歸傳統做法的可靠路徑」。她強調,美國失業率雖有好轉,卻可能是勞動參與率大幅下滑而被低估所致,加上年輕人失業率仍然偏高,所以聯準會必竭力推動經濟強勁復甦。

在接任主席前後,持續重申貨幣政策寬鬆基調的葉倫,之所以能受到廣大學者與專業人士的支持,主要是其貨幣政策思維最接近柏南克,也是金融海嘯後美國各項寬鬆貨幣政策的主要策畫者之一。由她接掌主席,可讓美國貨幣政策在前後任主席交替時期無縫接軌,維持一致性。

同時,葉倫的研究領域相當廣泛,除貨幣政策外,就業市場與國際貿易也很擅長,更是過去一段時間對美國經濟預測最準確的聯準會成員。市場認為她應該能精準掌握當前經濟發展與走向,並對 QE 退場的時間點作出正確判斷,將 QE 減碼或退場所帶來的潛在動盪,控制在最小範圍內。

從葉倫「寧可事先謹慎有餘,不要將來後悔莫及」(better safe than sorry)的想法來看,即使美國經濟數據大致符合預期,聯準會仍不會加快終結 QE3;且當經濟復甦不如預期,甚至不排除再次扭開寬鬆貨幣政策的水龍頭。

因此,美國 2014 年的貨幣政策寬鬆程度可能僅小於 2013 年,卻仍較 2010 年至 2012 年寬鬆。若每次 FOMC 會期均減碼 100 億美元,聯準會於 2014 年仍將買進 4,645 億美元的資產,雖低於 2013 年的 1 兆 1,027 億美元,但比 2010、2011、2012 年

買進的金額還多，更遑論當經濟復甦不如預期時，葉倫可能會跳過一、兩次會期不減碼。

聯準會主席的莫非定律宿命

2008年暢銷書《*Ben Bernanke's Fed: The Federal Reserve After Greenspan*》作者哈里斯（Ethan Harris）博士指出，自從伏克爾（Paul Vockler）擔任聯準會主席起，歷任主席就任時都會面臨一定程度的經濟難題。如此的期初考試，就跟「莫非定律」（Murphy's law）般，成為他們的宿命，葉倫恐也不例外。

莫非定律指「凡是可能出錯的事，一定會出錯」，引申為「所有的程序都有缺陷」，或「若缺陷有很多個可能性，則它必然會朝情況最壞的方向發展」。前清華大學校長劉炯朗曾表示，莫非定律之所以讓人有「凡是可能出錯的事，一定會出錯」之感，主要是因為人類大腦會進行選擇性思考，愈不如意的事記得愈清楚。

以心理學來看，如果我們到達站牌時，恰恰趕上公車，僅會產生短暫的愉悅感，但若到站時，剛好目送車子離開，不開心的記憶就會讓人聯想到莫非定律；就物理與數學角度來說，人們在大賣場排隊結帳時，總覺得其他櫃檯速度較快

（以3個櫃檯為例），主要是因為自己所選擇的櫃檯，結帳速度比其他2個快的機率僅1/3，而其他2個櫃檯中任一個結帳速度較快的機率，則是2/3。因此，莫非定律可視為人類思考上的選擇性偏誤。

伏克爾（任期1979年～1987年）就任時，美國正面臨嚴重的惡性通膨，使其不得不強硬採取緊縮性貨幣政策，大幅度提高利率。此舉造成經濟成長減速，也讓伏克爾承受巨大的政治壓力。再加上痛苦指數（指失業率與通膨）在他任內升至二戰後新高，達22％、失業率亦在1982年年底升至10.8％的高檔，使伏克爾被市場嘲諷為「經濟衰退之父」。

不過，他的果斷帶來日後穩定的物價上漲率。美國通貨膨脹率從1981年的13.5％，明顯下降至1983年的3.2％，為往後美國繁榮的經濟奠定穩固基礎，伏克爾也成為央行打擊通膨的典範。

承接在後的葛林斯班（任期1987年～2006年）雖未面臨嚴重的通膨考驗，但其就職不到3個月就面臨1987年的股災，即金融史上著名的黑色星期一，至今市場還不甚明白當時股市下挫的真正導因。

剛卸任的柏南克（任期2006年～2013年），就職前一度被市場認為是個幸運兒，即便當時美國房地產與信用市場過熱，但市場對美國經濟依舊樂觀。就職該月，彭博進行該年度美國GDP成長率調查，平均值為3.1％，76位受訪的經濟學

家亦無人料想到美國將於1年半後邁入衰退。

出乎意料的是，美國房地產市場榮景在2006年6月走到頂峰，經濟自2007年12月開始衰退。雷曼兄弟倒閉後，全球經濟更陷入自由落體般的衰退，慘況堪比大蕭條時期，讓專門研究1930年代經濟大蕭條的柏南克，有大展身手的舞台。

陷入「定型危機」的葉倫

那麼，莫非定律又將如何在葉倫身上印證呢？還是，她可破除這項魔咒？

從葉倫過去的言論觀察，她認為當聯準會的多重目標相互牴觸時，可偶爾允許通貨膨脹率超過央行目標，讓外界將葉倫視為鴿派。但葉倫真的是「外界可充分預期」的鴿派總裁嗎？

美東時間2014年2月11日，葉倫以聯準會主席身分走進眾議院，展開全球矚目的首場國會聽證會。她的會後聲明稿才剛在網路上公布，彭博社便立即以斗大快訊指出：「葉倫表示就業市場復甦，還有很長一段路要走」。接著，各式各樣的評論出籠，大多將這段話解讀為 —— 葉倫是一位鴿派立場的央行總裁。之後，金融市場也樂觀以對。

但是細看葉倫與國會議員的問答及整篇聲明稿，便可發

現葉倫的鴿派立場成分不多。

首先，當她談及就業市場時，沒有提到2013年12月及2014年1月令人失望的就業數據，反倒指出從2013年7月至2014年1月，美國累計創造125萬個工作機會，失業率也下滑1.5個百分點。即便議員問及就業數據，她也僅以「近2個月的就業市場數據的確有些意外，但聯準會必須要仔細評估相關情形，不能因為這兩份報告就草率做出任何決定」作答。

其次，葉倫對低物價議題的著墨並不多，間接表明她不會因為物價上漲率偏低而暫緩QE3減碼；第三，她特別提及1月中旬的金融市場動盪，並未對美國經濟前景帶來負面影響。這些說法都顯示，葉倫沒有看壞美國經濟，也暗示QE3減碼仍會持續進行。

但市場所接收的訊息，卻是葉倫在這場聽證會中，奠定鴿派的立場。由此不難看出，過去各界對葉倫鴿派的刻板印象，已深深影響到市場對她發言的判斷，並出現選擇性的解讀，刻意忽視她具有鷹派色彩的發言（例如她曾主張在經濟條件不好時，調控手段必須更迅速堅定，相對地，當經濟情況轉好時，政策的反轉也應該當機立斷），逕自強化她具有鴿派立場的文字。

如此一來，將使葉倫與市場之間產生溝通落差，更會讓她在接下來的歷次會議中，面臨綁手綁腳的局面，一如莫非定律。

柏規葉隨？

舉例來說，假設美國因為天氣嚴寒、季節性因素等非景氣循環轉向的變數，導致2014年第1季的經濟數據（如就業報告、ISM指數及房市指標）不如預期時，葉倫必陷入兩難；如果她因此暫緩QE3減碼，將引發貨幣政策不一致的疑慮；但若她宣布持續減碼，又會讓各界對這位鴿派的央行總裁大失所望，可能重演2013年5月至8月金融市場擾動的劇碼，甚至引發新興市場瀕臨金融動盪。

再者，當2013年9月的FOMC會議上，出現「QE3說退不退」的逆轉劇碼後，市場曾惴測，未來若由聯準會政策光譜中最為鴿派的葉倫接任主席，可能會讓QE3減碼或退場時程大為延後。豈料，柏南克未能多等6週或12週（葉倫正式獲得國會任命或接任聯準會主席），便宣布QE3減碼，讓葉倫失去以「QE3減碼主導者」身分，樹立威信及沖淡強硬鴿派色彩的機會。

此外，聯準會為避免市場過度擾動，在執行QE3減碼後，將增強前瞻指引的承諾。而前瞻指引的具體做法，本就是葉倫在擔任副主席時期所主導規劃。因此，若該項承諾是由葉倫所宣布，也能讓她在接掌聯準會初期，獲得更高的信賴。但柏南克亦在宣布啟動QE3減碼的同時，表示「即使美國失業率降到6.5％以下一段時間，只要聯準會的通膨預測仍

低，一段時間內也不會升息」，無疑是拿走葉倫可因應市場動盪的最大工具。

這不僅讓世人至今只能看見一個「柏規葉隨」的聯準會，更因前瞻指引政策已被柏南克用盡，導致葉倫難有更具體的政策工具可使用，勢必削弱各界對葉倫可信度。若想突圍而出、施展其主席的強勢領導力，葉倫只怕要多費些心思才行。

前後夾擊

葉倫的危機尚不僅於此，當副主席職缺由總統歐巴馬提名前以色列央行總裁費雪（Stanley Fischer）接替後，葉倫的領導力看來更加疲弱。

費雪可說是當代中央銀行學的師祖級人物，他曾任以色列央行總裁、IMF及世界銀行副總裁，更是柏南克及現任歐洲央行主席德拉吉的博士論文口試委員。如此顯赫經歷，就算擔任聯準會主席也綽綽有餘。

費雪出任副主席一職，難免讓人聯想到聯準會主席大位的競爭過程。最初歐巴馬總統心中第一屬意的主席人選並非葉倫，而是前財政部長桑默斯（Lawrence Summers）。只是在同黨議員的杯葛下，不得不選擇葉倫接任主席。所以，當歐巴馬提名一個資歷與經歷都勝於葉倫的人選接任聯準會副主

席後，外界便出現歐巴馬有意削弱葉倫權力的臆測。

2013年初，費雪曾對過度僵化的前瞻指引政策提出質疑，而此政策正是葉倫目前對抗金融市場擾動的最有力工具。假若葉倫與費雪在貨幣政策理念上見解不同，市場很可能不知該聽誰的，引發不必要擾動。

換言之，雖然美國的經濟已走在復甦軌道上，有利葉倫引導貨幣政策由「非傳統重返傳統」，但卻因為前有具全球威望的前主席柏南克，將可調控政策與市場波動的招數用盡；後有學術輩份高且理念未全然相同的費雪，以歐巴馬提名的副主席身分共事，讓葉倫陷入夾擊之境。

在大破大立式的非傳統性貨幣政策洗禮後，聯準會接下來的歷史使命，將是引導美國，乃至於全球央行逐步回復到傳統性貨幣政策的正軌。這個過程，需要一位公認具有獨立性且強勢領導力的央行總裁，才能讓市場放心。而葉倫能否勝任此重責，尚在未定之天。

全球央行風向球：
傑克森霍爾會議

擁有逾35年歷史的全球央行年度會議，正式名稱為堪薩斯城聯邦準備銀行經濟政策研討會（Federal Reserve Bank of Kansas City Economic Policy Symposium），其會議地點自1982年起移師至美國懷俄明州的傑克森霍爾（Jackson Hole）舉行，故又有傑克森霍爾會議的簡稱。

從研討會最早的2個主題——西部水資源、農業銀行可貸款基金來源，可以看出早期的會議內容僅聚焦於該聯邦準備區內的相關經濟問題。相信對當時的與會者而言，應該很難想像此一研討會在日後竟成為全球舉足輕重的會議。

2013年暢銷書《The Alchemists》作者艾爾文（Neil Irwin）指出，1978年聯邦準備銀行堪薩斯城分行總裁古費（Roger Guffey）與研究部門主管戴維斯（Tom Davis）希望提升會議規模與品質，並邀請重要經濟決策者與會。

因此，兩人逐步將當年的地區性議題，轉移至更受矚目的貨幣政策等主題。且為吸引更多重量級專家學者與會，並擴大媒體曝光，兩人將當時聯準會主席伏克爾列為首要邀請對象。

打動伏克爾與會的並不是出眾的議題，而是他是一位釣魚愛好者。堪薩斯城聯邦準備區又坐擁豐富的自然景觀，因此，古費與戴維斯想要利用地利吸引伏克爾參與。

事實上，最早舉辦堪薩斯城經濟政策研討會的地點，並非懷俄明州的傑克森霍爾，而是在科羅拉多州。但科羅拉多

州每年8月氣溫都太高，不適合釣魚活動，古費與戴維斯便將目光轉至氣溫相對涼爽的傑克森霍爾，並成為定制。

天時地利造就日後成功

除地利外，天時也造就了傑克森霍爾會議轉型成功的開端。1980年代，為對抗當時的停滯性通膨困境，伏克爾祭出高利率政策因應，不但引起高債務的一般民眾與農民嚴重反彈，更讓伏克爾遭到共和黨德州眾議員岡薩雷斯（Henry Gonzalez）的彈劾。

正當伏克爾在華盛頓焦頭爛額之際，古費適時的邀請，猶如天降甘霖般，使他在沒有考慮太多的情況下，接受邀請。1982年，堪薩斯城聯邦準備銀行經濟政策研討會的地點，正式移往傑克森霍爾，傑克森湖木屋旅館（Jackson Lake Lodge）從此進入世人的眼簾。

優美的環境與釣魚活動，很快就讓伏克爾成為會議的常客，甚至有一年他因為釣魚太過盡興，最後直接帶著釣具參加開幕晚會。由於伏克爾經常與會，其他國家央行總裁的座機，也逐漸以洛磯山脈小小的飛機跑道，開啟他們每年8月的暑期旅遊，傑克森霍爾會議遂成為全球央行總裁固定的聚會場所。

由於木屋旅館的空間有限，使該會議僅能容納約110位名額，因此能夠出席者肯定是當代最重要的央行總裁與重量級經濟學家。不過，並不是所有獲得諾貝爾經濟學獎桂冠的經濟學家都可以與會。

原本常出席的克魯曼就因批評聯準會主席葛林斯班，而曾被排除在邀請名單外；阿克爾洛夫（George Akerlof）之所以能獲邀，並非因他對貨幣經濟學有卓越的貢獻，其名額很可能來自於他的妻子，就是如今接棒聯準會主席的葉倫。

葛林斯班任內的大平穩時代

1987～2006年，在葛林斯班擔任聯準會主席的19年內，美國與全球經濟正經歷二次世界大戰後最美好的時光，經濟學家稱之為「大平穩（Great Moderation）時代」。

在次貸風暴以前，每年的傑克森霍爾會議主要是各國央行總裁與經濟學家討論經濟與貨幣政策議題的場合。與會者藉此交換彼此貨幣政策推行心得、不同經濟情勢所適合的政策組合，以及對未來1年可能出現的經濟議題交換意見。事後看來，當時的會議充斥各國央行相互間的自我膨脹與吹捧，例如2005年，與會者以貨幣政策取得最終勝利為題，歡送葛林斯班卸任。

在葛林斯班任期內，大平穩時代[1]的說法並不為過。

當時美國經濟僅經歷2次短暫且輕微的衰退，且平均失業率為5.5％，明顯低於先前20年平均的6.4％。而從歐盟走向歐元區的歐洲，正享用共同貨幣下的便利；英國也因全球新金融商品的蓬勃發展及其特殊的稅制結構，使倫敦位居全球金融中心，並帶動其經濟成長；中國與其他新興經濟體則逐漸融入世界，並以快速的經濟成長吸引全球目光。

當然，這段時間也曾出現日本失落的10年、亞洲金融風暴、俄羅斯與中南美洲金融危機、網路泡沫破滅、911恐怖攻擊等負面事件，但這些事件都沒有為全球經濟帶來持續衝擊。再加上1990年代末期，美國股市以每年成長20％的速度上揚，使投資人樂觀地預期全球經濟正邁向永恆繁榮的新經濟（New Economy）狀態。

---

1. 大平穩時代的特徵在於1980年以來，各經濟變數（如實質經濟成長、工業生產、每月就業人數及失業率等）的波動性明顯趨緩。以2001年美國網路泡沫破滅，導致經濟陷入衰退為例，早在2001年年初，聯準會就率先察覺經濟有可能放緩，所以在2001年1月就開始調降聯邦資金利率，之後更連續11次降息，提供資本市場低廉的資金成本，以支撐面臨網路泡沫破滅的美國股市，刺激消費者購買汽車與房屋，並提升企業的投資意願。

自我膨脹氛圍愈吹愈大

911恐怖攻擊當日，雖然葛林斯班正在從巴塞爾（Basel）回程的路上，但聯準會副主席佛格森（Roger Ferguson）坐鎮發出新聞稿，表示將提供充足的流動性因應，緩解金融市場可能出現的恐慌情緒。在聯準會一連串穩定經濟的措施下，美國雖然於2001年3月進入景氣收縮期，但在當年11月經濟即止穩並步入擴張，為二次大戰後次短的經濟衰退期。

因此，各國央行總裁與經濟學家認為，他們已可熟稔地藉由各式貨幣政策處理經濟問題，掌控經濟成長步伐，創造出比以前更穩定與繁榮的世界。經濟學家也將大平穩時代歸功於貨幣政策效力、央行的獨立性、通膨穩定目標與市場機能的運作。

這種自我膨脹的氣氛，在2005年傑克森霍爾會議達到高峰，與會者認為在貨幣政策的健全與成熟下，任何經濟問題看似可以或已經被解決。因此，暢銷書作家艾爾文形容那年會議的流程與氣氛，是歷年來最輕鬆、愉悅的。

第一天下午，聯準會副主席柯恩（Donald Kohn）帶領與會人士進行登山活動。由於路程較崎嶇，與會者在剛開始的第一英哩，尚能愉悅地邊走邊討論貨幣傳導機制與相關央行政策的效力，但在體力陸續不濟下，最後不得不暫停交流，專心前進，市場於是戲稱為「柯恩的死亡行軍」（Donald Kohn

Death March）。

　　由於傑克森霍爾位於偏僻的國家公園內，資訊傳遞不便。對需要掌握全球經濟即時脈動的央行總裁們來說，參加會議等同是與世隔絕。在死亡行軍過後，若與會者想要在木屋旅館商店買《紐約時報》，店員會問你要今天的還是昨天的報紙。如果回答是今天的，店員就會說，請你明天再來一趟。

　　雖然在正式會議上，與會者仍得換上專業的面孔，就全球經濟趨勢等議題發表意見及論文，並討論經濟管理與決策，但當年的非正式議程活動也許更具吸引力。除釣魚、爬山外，會議間的甜點時間、星期五的西式自助餐、星期六的晚宴，及其後的小酒與雪茄，更是與會人士回味的重點。因此，在過去近四分之一世紀的經濟大平穩時代裡，所謂的傑克森霍爾共識大多是在這些美酒佳餚間孕育而生。

轉變：觀察貨幣政策的前哨站

　　不過，在次貸風暴後，傑克森霍爾會議逐漸轉為各主要央行，特別是聯準會非傳統性貨幣政策的說明舞台。除了肩負向金融市場傳達政策方針、解析並釐清政策的重大任務外，亦成為市場觀察未來貨幣政策走向的重要平台。

　　對照2005年的會議，2007年的會議氣氛明顯轉為嚴肅，

甚或可以說是在風雨飄搖中舉行。2007年2月,次貸問題開始浮出檯面、4月美國第2大次級房貸公司新世紀金融公司申請破產保護,至8月會議召開前,金融市場已呈現混亂狀態。

會前3週,法國最大銀行——巴黎銀行宣布旗下對沖基金因美國次貸風暴而出現虧損,ECB並於月中宣布紓困,表明美國次貸問題正向全球延燒,情勢不但急轉直下,而且一日數變。

由於傑克森霍爾的資訊傳遞不便,甚至沒有網路通訊,聯準會主席柏南克的貼身顧問一度建議暫停召開會議,以免金融市場在會議期間出現嚴重動盪,而無法做出即時因應。但柏南克擔心,會議暫停,可能會讓市場產生金融危機已惡化到聯準會不得不暫停央行年會的地步,對市場帶來的衝擊可能更大。

然而,資訊傳達不順的問題畢竟是最大的困擾。因此,在2007年會議前,聯準會只好派資訊團隊到會場架設專門的通訊電纜與資訊系統。而柏南克與其團隊,如副主席柯恩、聯邦準備銀行紐約分行總裁蓋瑟納(Timothy Geithner)、理事華許(Kevin Warsh)與負責貨幣政策操作的麥迪根(Brian Madigan),更在2天前就進駐木屋旅館,全副武裝地迎接會議的到來,該次會議主題也環繞於美國房地產市場與其泡沫破滅可能帶來的影響。

遺憾的是,與會者雖然強調房市泡沫破滅與次級房貸,

將對經濟產生嚴重衝擊，但並未體認到次級房貸商品已透過
金融創新與包裝，深深嵌入全球金融體系，如歐系銀行就是
大量收購次級房貸的金融機構AIG的主要投資者。

　　與會者亦不知道的是，在不遠的未來，次貸風暴所造成
的影響不只是經濟衰退，更將形成金融危機。換言之，此時
聯準會、歐洲央行及英國央行等3大央行雖已展開各式救援行
動，但皆未預見次貸問題將點燃一連串的全球金融風暴，甚
至引發後續的歐債危機。

　　另一方面，原先市場希望從會中3大央行總裁的交流，嗅
出未來金融市場的蛛絲馬跡。但令人失望的是，這次的會議
中，他們並未齊聚一堂。柏南克與其團隊在3天會期中，幾乎
都在木屋旅館宴會廳上的小房間裡，監控金融市場情勢；歐
洲央行總裁特里榭（Jean-Claude Trichet）於最後1秒因個人因
素而取消行程；英國央行總裁金恩（Mervyn King）則是指派
副總裁畢恩（Charles Bean）代表參與。

　　2007年8月31日週五的晚宴上，與會者如往常般出席，
但在主要央行總裁缺席下，氣氛顯得異常。當時金融風暴
雖然未全面爆發，但已在與會人士的私語中醞釀且傳遞。其
後，次貸風暴席捲全球、歐洲爆發債信危機，非傳統性貨幣
政策成為各國央行的政策主軸，亦使2007年以後的傑克森霍
爾會議，成為主要央行向市場解釋非傳統性貨幣政策的重要
平台。

傑克森霍爾會議的重要地位

2010年的傑克森霍爾會議更奠定其無可替代的地位。

金融海嘯時的傑克森霍爾會議固然重要，但主要央行總裁與重要官員仍不常在會議中，對未來貨幣政策做出太明確的暗示。

到了2010年，美國經濟雖已從2009年6月起擺脫衰退，惟復甦的力道相當微弱。因此，柏南克希望利用此一特殊的集會，向其他央行與市場傳達未來聯準會貨幣政策可能轉變的訊息。

不同以往聯準會主席的演講稿皆由幕僚先行草擬，當年柏南克不僅親自撰稿，並召集聯準會重要官員一同討論，計劃在會中向市場說明「過去一段時間聯準會所執行的政策」外，還要釋出「未來聯準會將竭盡一切，做出更多努力」的訊號。

柏南克以「讓經濟恢復和修復的任務仍然遙遠」（the task of economic recovery and repair remains far from complete）一言，暗示聯準會將推出額外寬鬆貨幣政策，也就是該年11月所推出的QE2。至此，傑克森霍爾會議的重要性大幅提高，聯準會主席也開始在此會議裡，更明確地向市場傳達未來貨幣政策走向的意圖。

2012年會議中，柏南克更進一步以年度演講方式，弭

平聯準會與市場間的認知落差。當時美國經濟雖已漸邁入穩健復甦腳步，市場預期聯準會應不至於推出更寬鬆的貨幣政策。聯準會內部卻認為，儘管美國經濟見到一些復甦跡象，但速度仍不足，且勞動市場的情勢依舊險峻、失業率偏高亦值得關切。因此，柏南克在演講中表示，聯準會應適時地推出額外的寬鬆政策，以增強經濟復甦速度。一個月之後，聯準會果然在FOMC例會中推出QE3。

回望來時路，傑克森霍爾會議的角色，已從早期僅聚焦於堪薩斯聯邦準備區內的相關經濟問題、大平穩時代的央行總裁派對，走到今日集全球金融、經濟發展於一身的重要地位，成為市場觀察主要央行未來貨幣政策走向的重要平台。

第 3 章

安倍經濟學與
日本再起

對失落長達20年之久的日本而言，2013年是相當重要的一年。這一年，日本重新站到世人眼前，讓全球金融市場掀起一股聚焦日本的熱議風潮。而讓日本得以打破多年來在國際間幾近無聲的關鍵，要從自民黨黨魁安倍晉三（Shinzō Abe）重返永田町[1]開始說起。

2012年9月26日安倍晉三打敗強勁對手 ── 前防衛大臣石破茂（Shigeru Ishiba），取得自民黨黨魁之位後，便積極朝年底的眾議院大選挺進，以期奪回自民黨於2009年9月失守的執政權。

在美國帶起的QE大浪蔓延全球的4年間，日本寬鬆貨幣政策力道不足，以致於日圓對美元相對強勢，一直為日本國內學界及輿論所抨擊，亦讓大舉更寬鬆貨幣政策旗幟的安倍晉三，擁有強大的吸票魅力。

外匯市場首先對此做出反應，在安倍晉三贏得黨內大選後二天，日圓對美元匯率長達5年（2007年2月13日121.93升至2012年9月28日77.61）的走升趨勢，不但獲得抑制，還出現強勢逆轉：從他當選黨魁後，市場在其眾議院選舉必然獲勝的預期下，日圓對美元一路走貶，2012年11月13日的79.36一路貶值到2013年1月18日的89.78，短短兩個月的貶值幅度達13.16％。

這一波的日圓貶值，讓飽受日圓過度升值所累的日本製造業，獲得喘息的機會，日股也因此明顯走強。日經225指數

在此兩個月內漲幅達25.1％，傲視主要國家股市，一吐多年來
的抑鬱之氣。

日本內閣交替的政經變局

回顧歷史，戰後的昭和年代（1947～1989年）是經濟
奮起的時代，日本從百業蕭條走上全球亮眼的經濟強權。但
1990年泡沫經濟破滅後，長期的通貨緊縮及人口老化問題，
讓日本經濟榮景隨著昭和時代的結束而快速殞落，亦使平成
年代（1989年起至今）充斥著「失落的10年」，乃至於「失
落的20年」的衰敗印象。

在20多年的平成年代裡，日本經濟絕大多數時期都在掙
扎中度過，唯一的亮點便是小泉純一郎（Junichirō Koizumi）
擔任首相時，帶出長達6年的「格差景氣」[2] 榮景（2002年

---

1. 由於日本國會議事堂、總理大臣官邸、眾議院議長公邸、眾議院議員會
   館、參議院議長公邸、政黨黨本部……等重要政治機構都位於日本東京都
   千代田區的永田町內，使永田町成為日本政治中心的代名詞及重要的政治
   語彙。

2. 格差景氣（Kakusa）是指在同一段時間內，出現企業營收明顯成長（顯示
   經濟景氣擴張），但家計部門卻出現部分反向的情形（如勞工薪資出現負
   成長、就業市場出現正職雇用減少、兼職雇用增加的趨勢、且兼職人員薪
   資僅有正職人員的60％）。關於日本格差景氣的詳盡論述，可見《做個聰
   明的景氣觀察家 —— 梁國源教你解讀經濟預測》（天下文化，2010）一書
   之〈第二部　經濟景氣怎麼看〉章節。

初～ 2008年初），其經濟擴張的時間更創下二次大戰後最長
的紀錄。

小泉的格差景氣

　　二戰後的日本政府以「開發政治」為施政主軸、以「派
閥政治」為政治運作方式。其中，擔任第64、65任首相的田
中角榮（Kakuei Tanaka）以追求「國土均衡發展」為口號，
設立許多財勢雄厚的特殊機構財團法人，以承接相關的政府
業務運作。

　　然而，長期運作的結果，讓這些機構弊端叢生，終在泡
沫經濟崩潰後，淪為燙手山芋，成為亟需改革的對象。與此
同時，日本民眾也對過去自民黨的派閥政治大感厭煩，進而
造就主張「構造改革」且無派閥背景的小泉崛起。

　　小泉打破由派閥提出內閣人事參考名單的慣例，主導內
閣人事的任命權，在財經面的施政上，交出漂亮的成績單。
執政之初，2001會計年度日本的經濟成長率為-0.8％，之後在
國際景氣復甦、出口成長的推動及內需逐漸回升的情況下，
經濟成長率至2005年度時已達3.2％，高於「失落的10年」時
期的平均1.2％。而困擾日本8年之久的通貨緊縮問題，亦出
現消退跡象。同時，銀行體系的壞帳比例，亦從2002年3月
底的8％下降至2006年3月底的4％左右。

在小泉交棒前,日本經濟已從危機狀態回復至普通狀態,但小泉卸任後,日本政治持續處於不安的局面。光是在2006年9月26日至2009年9月16日間,執政的自民黨就更換了三位內閣總理大臣,分別是安倍晉三、福田康夫(Yasuo Fukuda)及麻生太郎(Tarō Asō),更因為執意將修憲等問題列為執政重心,不著力改善國內民生,使得民心大失,終使自民黨於2009年9月16日的眾議院大選中落敗,交出長達半世紀的執政權[3]。

不過,在野的民主黨上台後,日本政經仍多呈現朝野對峙局勢,令政策運轉處於中空狀態;金融海嘯後的6年內,日本就換了7任首相,政府始終無法提出長期經濟願景。這些都讓日本人在對經濟失落無力、對政治無感的情況下,更憂心國家的未來。

從小泉執政的成功經驗看來,近20年的日本經濟榮枯與政治穩定性息息相關。此時,記取前次重政治、輕民生的執政失敗經驗、以經濟改革為主要訴求的安倍晉三,便成為日本民眾心中的浮木。

---

3. 日本自民黨於1955年成立後,長期居於執政黨地位,在2009年9月16日以前,僅有1993年8月至1996年1月間失去政權,由日本新黨、新生黨及日本社會黨等小黨聯盟輪流執政。

安倍晉三重返首相之路

2006年9月，52歲的安倍晉三以二次大戰後最年輕首相之喻，執掌永田町，成為政壇一時佳話。安倍任內雖在外交上略有成績，但其在派閥政治考量下所組成的內閣，卻醜聞頻傳，使安倍內閣的支持率大降，導致自民黨在2007年7月的參議院選舉，出現歷史性的慘敗，失去參議院第一大黨的地位。安倍晉三黯然辭職，結束僅1年的初次首相生涯。

安倍晉三接受媒體採訪時曾表示，在下台後的沉潛歲月裡，體認到日本最大的問題在經濟，而經濟萎靡的根源，在於日圓過度升值、人口老化及消費疲弱（薪資不漲）3大病因所交錯出的結構性問題。若不想辦法對此3大病因進行徹底治療，日本經濟難有坦途。

在此體認下，再披黨魁戰袍的安倍晉三，帶領自民黨在2012年12月16日贏得國會眾議院大選，獲得294席次，直逼2005年小泉純一郎在任的296席。若加計與自民黨合組聯合內閣的公明黨，自公聯盟便於日本眾議院取得絕對多數。在強大的民意基礎下，安倍晉三可望終結從2006年其初次組內閣起，連續7任日本首相在國會面臨的顛跛局面，應也可避免日本頻頻更換首相的窘況。

同時，安倍晉三記取第一次首相任內，未能嫻熟調和鼎鼐之道，致使執政危機皆在蕭牆之內的慘痛經驗。所以在本

次組閣時，特意打破自民黨派閥運作的人事任命慣性，改以較務實的政策理念來選擇閣員，例如任用未有私交，但有相同寬鬆貨幣政策理念的黑田東彥（Haruhiko Kuroda）出任日本銀行（BoJ）總裁，便是一例。

從安倍在選舉期間及上任後的種種作為可知，他深切寄望透過寬鬆的貨幣與財政政策、產業成長戰略，一舉終結日本長期通縮的困境，並提升日本經濟成長率。

安倍經濟政策的藍圖

以過去失敗經驗為師的安倍晉三，經濟政策以凱因斯學派的思維為基礎，強調在經濟衰退時，必須採取寬鬆的財政與貨幣政策，以促進經濟成長回歸正軌。

由於其政策挑戰金融海嘯後，各國注重財政紀律與央行獨立性的政策思維，因此受到國際高度關注。而安倍未正式就任首相前，單靠公開談話便成功引導日圓強勢走貶，貶值力道遠勝於近年日銀的政策效應，讓金融市場為之驚豔，並將其經濟政策統稱為「安倍經濟學」（Abenomics）。

安倍經濟學的思維邏輯

安倍經濟學涵蓋寬鬆貨幣政策、財政激勵政策及產業成長政策等3大主軸,外界喻為「安倍三箭」,其具體施行步驟可分為:

第一、實施量化寬鬆貨幣政策,將通膨目標設置為2%,扭轉之前日銀執行政策決心不足,而出現的日圓長期升值趨勢,以期刺激日本出口,並提升企業獲利。日銀也希望透過設定具體通膨目標,改變日本民眾過去因通縮預期而延遲消費的想法,恢復消費動力。

第二、提振日本股市,增進財富效果。日本上市公司多為跨國企業,獲利藏於海外,日圓貶值可讓其以日圓計價的獲利大幅提升,有效提振股市,並創造財富效果,帶動消費擴張。

第三、提升企業獲利能力。日本企業基礎仍在,一旦日圓貶值帶動出口,利潤將逐漸反映在企業財報,營造企業生產、製造、銷售的良性循環,帶動日本產業鏈恢復活力。此時,安倍政府再輔以寬鬆的財政政策,透過基礎建設提高企業生產力與效率。

第四、擴增資本投資。當日本產業鏈利潤因為日圓貶值而增加,企業投資意願將相應提高,帶動資本投資增加。

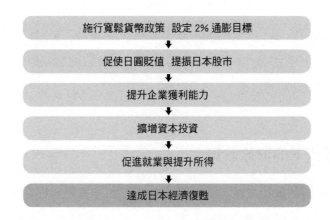

| 圖表 3-1 | 安倍的經濟政策思維 |

施行寬鬆貨幣政策 設定 2% 通膨目標
↓
促使日圓貶值 提振日本股市
↓
提升企業獲利能力
↓
擴增資本投資
↓
促進就業與提升所得
↓
達成日本經濟復甦

資料來源：元大寶華綜合經濟研究院整理

　　第五、促進就業與提升所得。若企業擴增產能，將進一步增加人力需求，並促進就業。同時，日本企業在持續獲利下，也可提高薪資所得以回饋員工，進而促進消費。另外，也能透過結構改革，有效改善僵固的日本勞動市場，並增加勞動力。

兩個2%帶來曙光

簡而言之，安倍的經濟政策圍繞在兩個2%的目標：透過貨幣政策達到通貨膨脹率2%的目標，以及透過財政政策達到經濟成長2%的目標。

多管齊下的財政政策

在財政政策方面，安倍預計在未來10年推動規模高達200兆日圓的振興經濟計畫。

從2013年1月11日通過規模高達13.1兆日圓的2012會計年度補充預算案來看，除2.8兆日圓用於國庫補貼養老保險金支付外，其餘10.3兆日圓皆用於緊急經濟對策。

而從10.3兆的緊急經濟對策預算，即可看出安倍希望透過多管齊下的方式，快速提升日本經濟。

- 3.8兆日圓預算用於311強震的重建與防災，期望透過大量的基礎建設快速拉升經濟成長動能。
- 3.1兆日圓預算用於促進民間投資，其中1.8兆日圓用於促進民間企業在節能設施及新技術的研究開發、0.9兆日圓預算用於協助中小企業改善營運及增強農林水產業競爭力。

- 0.3兆日圓預算用於強化人才培育及雇用，且約1,000億日圓協助企業開拓海外市場，希望透過相關政策提高企業競爭力，拉升日本潛在經濟成長率。
- 3.1兆日圓預算用於醫療與教育的生活保障及解決各區域發展不均的地域振興計畫與基礎建設，以協助解決日本貧富差距的問題。

　　若加計增加地方自治體及民間企業負擔部分資金來源，此次的激勵規模更高達20.2兆日圓。安倍希望藉此將2013年日本經濟成長率，從各主要預測機構預測的1%提高至2%，並創造約60萬個就業機會。同時，為協調各種經濟重建的工作，安倍打破組織架構，成立直接隸屬於內閣府的經濟再生本部。

　　此外，日本政府還追加預算，提列約1,000億日圓的資金，由政府與民間機械設備租賃公司共同出資成立新公司，收購製造業者的廠房及設備，再回租予企業使用，預計將花5年時間購入達1兆日圓以上的資產，用以活化企業資金。

極度寬鬆的貨幣政策

　　貨幣政策方面，安倍甫上任時，便呼籲日銀將通膨目標由1%調高至2%，並推出無上限量化寬鬆政策，直到此通膨

目標達成為止。亦要求日銀無上限購買建設公債，引導資金流入實質經濟體。

為表示政策決心，安倍甚至揚言要使出修法的殺手鐧，將2%的通膨目標直接標明在日本中央銀行法中，以解決過去日銀貨幣政策與經濟發展目標脫勾的問題。但修法將有損央行的獨立性，引發各界爭議。最後，貨幣政策偏保守的原日銀總裁白川方明（Masa-aki Shirakawa）下台，由確實執行安倍政策目標的新總裁黑田東彥上任，為修法爭議畫下句點。

對日本經濟而言，由於公債殖利率長期低於1%，所以寬鬆貨幣政策能降低的借貸成本有限。因此，寬鬆貨幣政策的有效性，並不在於利息成本的降低，而在於透過貨幣貶值帶動的經濟激勵效果。

畢竟，日圓對美元匯率從2007年2月13日的121.93一路升值至2012年9月28日的77.61，幅度達36.35%，讓日本製造業頓失出口競爭力，企業獲利因受侵蝕、無力投資，致使內需不振。再者，日圓過度升值也加速產業外移的速度，不利日本就業市場與消費。

因此，安倍希望藉由日銀強力承諾2%的通膨目標，向市場傳達其將採取極度寬鬆貨幣政策的意志，引導日圓走貶，使日本製造業得以恢復價格競爭力，並因為出口增加而進一步帶動企業獲利、提高投資，讓內需恢復成長。

為何日本貨幣政策長期失靈？

對日銀而言，通膨目標是很新的概念。

儘管經歷長期的通縮，日銀卻直到2012年2月才將1％的通膨率明定為貨幣政策操作目標。且當時日銀也清楚表示，在達到該目標前，日銀不但會持續維持擔保隔夜拆款率在0 ～0.1％的極低水準，還會持續擴大資產購買計畫規模。

日銀也確實言出必行，分別在2012年2月、4月、10月及12月的會期宣布擴大資產購買計畫，規模從55兆日圓不斷擴大到101兆日圓，更於3月與10月會期宣布直接信貸措施。

在10月推出的刺激銀行放款機制裡，只要銀行額外放款，就可用該放款作為擔保，無限量地取得日銀的長期低成本融資，總規模初估可達15兆日圓。

由此看來，資產購買計畫加上兩次信貸措施，2012年日本非傳統貨幣政策已倍增到逾120兆日圓，將日本陷入長期通縮與日圓走強，歸咎於日銀貨幣政策規模不足，其實值得商榷。

以政策相對規模而論，日銀的政策規模已是全球最寬鬆的，且2013年日銀透過資產購買計畫預定買進量占GDP比為7.6％，已超過聯準會QE3（其買進資產規模占美國GDP比約6.3％）。若再加計約15兆日圓的直接信貸措施，兩國資產購買規模間的相對差距，將更形擴大。

儘管如此，日銀的政策效果卻不如美國般彰顯。2012年

日本不僅沒有擺脫通縮威脅,通膨率還從2月宣布1%通膨目標時的0.3%,下滑至11月之-0.2%。而且,2012年大多時期的日圓匯率都處於強勢,直到同年9月底起,反映有望當選新任首相的安倍晉三可能改變日銀政策,才開始走貶。

差別在於購買資產條件而非規模

日銀過去使出渾身解數、非傳統性貨幣政策的相對規模也超過聯準會,卻仍無法達到1%的目標,顯見日本貨幣政策之所以失靈,實與通膨目標的高低或資產購買規模大小沒有太直接的關係,而是在其所購買的資產條件。

2008年聯準會推出量化寬鬆政策後,其政策思維圍繞在兩個很重要的概念上。

傳統的思維是先引導短天期利率的變化,並透過貨幣政策傳導機制影響長天期利率水準,以達成調控經濟的目標。但鑑於短天期利率已經降至幾近零的水準,只好改採非傳統性貨幣政策買進長天期資產,直接影響長天期利率。

所以,聯準會不但從QE1到QE3都積極買進長天期資產,更透過2次扭轉操作,加大貨幣政策對長天期利率水準的干預力度。相較之下,日銀雖然買進長天期資產,但卻限制買進資產的到期日不能超過3年,使得其政策效力明顯比不上聯準會。

其次，金融海嘯後，許多部門的金融中介功能已逐漸喪失，影響到貨幣政策的傳導機能。因此，聯準會從QE1起即積極地買進風險資產，且在QE3時期每個月買進的房屋抵押貸款證券（MBS）規模達400億美元，與450億美元的公債購買量不遑多讓。

日銀雖然也買進商業本票、公司債、指數型基金（Exchange Traded Funds，ETF）及日本房地產投資信託基金（J-REITs）等風險性資產，但總規模僅7.6兆日圓，與101兆日圓資產購買計畫相比，可謂九牛一毛，難以發揮支撐特定部門的效果。

日銀的改變：不達目的絕不放手

那麼，黑田東彥接任日銀總裁後，於2013年4月4日推出「定量與定性」（Quantitative and Qualitative Easing，QQE）的寬鬆貨幣政策，能否如安倍所願，將日本帶離通貨緊縮的陳年泥淖？

解析日銀的寬鬆貨幣政策，主要可分成4個面向：

首先，日銀放棄過去利用無擔保隔夜拆款率作為貨幣政策操作短期目標的做法，改採貨幣基數作為操作目標，並規

劃未來貨幣基數將以每年60 ～ 70兆日圓的速度增加。至2015
年3月，日本貨幣基數將會倍增。

其次，日銀取消過去買進資產到期日不超過3年期的限
制，並宣布即便40年期的公債也符合購買資格。透過買進長
天期資產，日銀將逐漸延長持有資產的平均到期日，從現今
略低於3年期，預計2年後將擴大至7年期。

第三，日銀宣布擴大ETF及J-REITs等風險性資產購買規
模。其中，ETF的持有量將以每年1兆日圓的速度增加，而
J-REIT則以每年300億日圓的速度增加。

最後，日銀表示，將盡可能在2年內，達成2％的通貨膨
脹率的目標。

大規模、大魄力的貨幣政策

從上述內容看來，4月4日推出的貨幣政策，可謂日銀在
金融海嘯後最具決心的一次，也幾乎是以一次到位的方式，
實施聯準會從2008年以來，所執行的各種非傳統性貨幣政
策，希望藉此改變過去漸進式寬鬆貨幣政策失靈的問題。

事實上，日銀與聯準會的做法有異曲同工之妙，都具備
預先承諾且「不達目的絕不放手」的特點。

聯準會承諾QE3將會持續到就業市場大幅改善為止，日
銀則揚言若2年內無法達到2％通膨目標，「定量與定性」寬

鬆貨幣政策將會持續、甚至擴大。同時，日銀也師法聯準會買進長天期資產及風險性資產，藉此改變殖利率曲線及壓低風險溢酬。

嚴格說來，日本其實是最早採行量化寬鬆措施的先進國家，曾在2001年3月至2006年3月實施「量的緩和」貨幣政策、2010年10月實施「資產購買計畫」，但卻因日銀自1999年起便施行零利率政策，使日本陷入流動性陷阱，導致金融體系受到損傷，亦讓這兩次量化寬鬆的政策效果有限。

如今，日本是第三次推出寬鬆貨幣政策。有別於過往日銀資產購買計畫，既缺乏清晰的政策目標，且政策的品項繁雜、操作隱晦難懂，日銀這次改採明確且易懂的方式，向市場傳達立場，藉由提高民眾對通膨的預期，來達到降低信貸成本和日圓貶值目標，以家計收入、企業獲利和需求的良性循環，加快日本經濟成長。

然而，安倍經濟學最終也可能只是一套理論模型。在民眾薪資沒有相應增加的前提下（2000年起日本總薪資平均年減0.7％），刺激通膨不一定對日本經濟有利，還可能因此受害。因為日本的人口紅利已在2003年結束，未來的財政收入恐無法償還如此龐大的流動預支。

日銀新政對全球金融的影響

如同聯準會的QE，日銀的QQE對全球金融市場的影響亦
不容忽視。

以美元兌日圓匯率為100為例，日本貨幣基數在未來新政
策下，將以每年60～70兆日圓（即每月5～6兆日圓）的速
度增加，等同日銀於每個月釋放出500～600億美元的流動
性，規模僅略小於聯準會QE3每個月850億美元的資產購買金
額。而且，日銀要在2年內延長其資產平均到期日至7年，意
指未來買進的多為7～10年期的資產。

考慮這2項因素後可知，未來不只是日本長天期債券殖利
率會下滑，就連其他國家長天期債券殖利率也將因此被壓抑。

自安倍上任後，日本投資人買進的海外債券並非過去大
家所熟知的美國、澳洲及英國債券。2012年12月～2013年2
月間，日本投資人分別賣出這3國債券規模達2.9、0.9及0.3
兆日圓，使日銀寬鬆貨幣政策對這3國債券殖利率的壓抑效果
將有限。

相對的，日本投資人在這段時間買進的債券主要集中在
荷蘭、法國及德國等3個歐元區核心國家。因為這3國債券
殖利率仍高於日本，具有利差優勢；且短時間內歐債危機難
解，荷、法、德3國的公債殖利率將不會大幅升高，即便買
進，也不易因債券殖利率升高而出現跌價損失。同時，在愛

爾蘭經濟基本面好轉，債信危機壓力降溫下，日本投資人也大量買進愛爾蘭債券，賺取利差。

就此看來，日本投資人大量買進歐元區核心國家的債券資產，代表日銀QQE政策將產生外溢效果，壓低歐元區國家殖利率，並對歐元匯率產生支撐作用。

貨幣戰爭疑慮升高

日圓貶值雖然有利日本企業與經濟，但對於產業結構與日本相似的其他國家，卻帶來競爭上的壓力，尤以亞洲地區為甚。因此，各界擔心這波由安倍開槍起跑的亞洲貨幣競貶是否會進一步擴散，並影響到區域經濟與金融市場的穩定。

然而，仔細檢視日圓貶值可能造成的衝擊，便發現除了韓國之外，其他亞洲國家不必然會因此受害，有些東協國家反而多少會受惠。

具體地說，當一國貨幣貶值時，通常會透過三個管道影響他國經濟。

首先是出口競爭管道，特別是兩國出口產業具有高度相關時，則其中一國的貨幣貶值勢必對另一國經濟帶來衝擊；其次是貿易互補管道，也就是當貶值國的出口產品多為另一國所需要，出口國貨幣貶值將有助於降低進口國的成本；第

三是貨幣政策外溢管道,亦即當一國經濟成長因為寬鬆貨幣政策提高,其他國家將因對該國出口增加而受惠。

由於日銀寬鬆貨幣政策主要目的為擺脫日本長期通貨緊縮與經濟停滯成長的窘境。因此,就貨幣政策外溢管道而言,亞洲鄰國多少都可以從中受惠。所以,日圓貶值是否會引發亞洲貨幣戰爭,則視亞洲鄰國與日本間的出口競爭與貿易互補效果而定。

交錯影響的韓、台匯率

韓國與日本近年來在消費性電子、造船、鋼鐵、汽車業等產業出口,以及工程、營造業海外標案方面皆呈現高度的競爭,兩國的出口相似性[4]高達62.76(見圖表3-2),位居亞洲國家之冠;相對的,在亞洲國家中,韓國與日本的貿易互補性[5]最低,僅39.97。

因此,韓國出口競爭力既易受到日圓貶值的影響,又難以自貿易互補管道獲得緩衝。這也是日圓貶值趨勢啟動後,韓元貶值幅度也相對其他亞洲貨幣較大的原因。

反觀台灣,雖然與日本出口相似性高達51.99,但兩國貿易互補性也高達48.39,使日圓貶值對台灣各產業影響的利弊不一,也讓整體出口競爭力受日圓貶值的影響較韓國為低。另一方面,台灣對日本貿易依存度高且呈現高度貿易逆差,

圖表 3-2　2011年各國出口與日本出口的競爭度

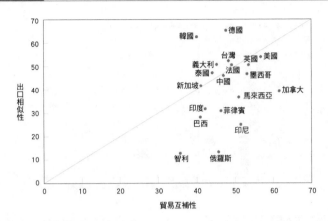

資料來源：元大寶華綜合經濟研究院

使日圓貶值有助縮減台灣對日本貿易逆差（見圖表3-3），特
別是大量自日本進口的化學品、機械及基本金屬等相關產業
及產品，較易受惠於日圓貶值。

　　只是，日圓貶值對台灣出口競爭力的直接衝擊雖然比韓
國小，但由於台灣與韓國高度的出口相似性（63.73，見圖表

4.　本文採用巴猶米（T. Bayoumi）於2011年提出的出口相似性指數（ESI）計
　　算各國與日本出口產品在全球市場的重疊程度，指數愈高，代表一國與日
　　本出口相似性高，日圓貶值對該國經濟將帶來負面衝擊；反之，指數愈
　　低，表示該國與日本出口相似性低，受日圓貶值影響較小。

5.　本文引用聯合國的定義，計算兩國貿易互補性指數（TCI），若一國出口結
　　構恰與另一國的進口結構愈接近，TCI數值愈高，代表兩國貿易互補性愈
　　高；反之，則貿易互補性愈低。

图表 3-3　**與日本貿易依存度及對日本貿易收支／GDP**

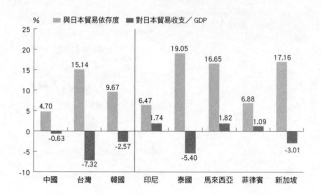

資料來源：元大寶華綜合經濟研究院

3-4），使台灣經濟仍間接受到日圓貶值的影響。因此，隨著
韓元貶值，台灣出口產品的價格競爭力也相對下滑，新台幣
對美元匯率亦從2013年1月下旬起走貶。所以，若日圓持續
走貶，且韓元也相應走弱，便可能為台灣出口競爭力帶來負
面影響。

中國與東協未隨日圓起舞

　　對中國而言，中國與日本的出口相似性與貿易互補性相
當，分別為45.91、46.79，加上中國與日本的貿易依存度是亞
洲國家中最低，且經常帳收支大致平衡，使日圓貶值對中國

圖表 3-4　亞洲國家與韓國出口相似性指數

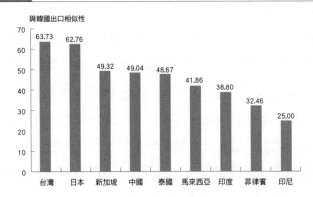

資料來源：元大寶華綜合經濟研究院

出口競爭力的綜合影響有限。也難怪中國大肆批評2010年聯準會的QE2，但對日銀的寬鬆貨幣政策則表現得低調許多。

　　日圓貶值對東協國家匯率的影響，則又是另一種風景，東協五國（泰國、菲律賓、印尼、新加坡與馬來西亞）幾乎是日圓貶值的淨受惠國。

　　從出口相似性及貿易互補性可看出，菲律賓、馬來西亞與印尼與日本互補性較高，而出口相似性甚低，最易受惠日圓貶值；泰國與新加坡雖然因出口相似性與貿易互補性相當，受惠程度較小，但兩國對日本貿易依存度高且存在貿易逆差，因此日圓貶值將改善其經常帳收支，有利經濟成長。

為何不貶反升

換言之，日圓貶值所引起的亞幣競貶壓力主要集中在韓元與新台幣，其對中國經濟影響有限，對東協國家經濟甚至帶來益處，使該等國家匯價不會跟著日圓大幅走低。

從基本面來看，除了日本之外，2013年亞洲貨幣確實存在升值的理由。首先，根據IMF預測，2013年亞洲四小龍與新興亞洲經濟體經濟成長率將分別從2012年的3.2％及5.5％加快到3.9％及5.9％，明顯較已開發國家為快。

再者，多數亞洲國家面臨通貨膨脹或房價等資產價格快速上漲問題，導致央行寬鬆貨幣政策空間有限。也因此在一片亞幣競貶的疑慮中，2013年第1季主要外資機構仍然看升亞洲主要貨幣（日圓除外）。

另一方面，主要國家央行的貨幣政策亦是影響亞幣走勢的關鍵，且尤以美國聯準會與日本銀行的貨幣政策最為關鍵。

長期以來，日圓對美元走勢與兩國流通在外貨幣比息息相關（見圖表3-5）。過去由於日銀採取的貨幣政策效力相對聯準會仍顯不足，使2008年起的日美流通在外貨幣比趨勢向下，日圓對美元便呈現趨勢走升。不過，自安倍晉三當選日本自民黨黨魁後，呼籲日本採取積極的寬鬆貨幣政策，日圓對美元轉為明顯貶值走勢。

除了貨幣政策的強弱程度外，長年經常帳順差是造成日

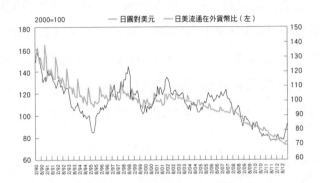

圖表 3-5　日美流通在外貨幣比與日圓對美元匯率

註：日美流通貨幣比 =（日本貨幣基數 - 準備金餘額）／（美國貨幣基數 - 準備金餘額）
資料來源：Bloomberg

圓長期走升另一原因。但自2011年起日本經常帳順差已逐漸
縮小，甚至在2012年年底連續出現逆差，又由於311東日本
大地震後的福島核災，造成核電廠全面停止運轉，進而促使
燃煤與天然氣進口大增，導致逆差持續擴大。因此，從國際
收支的角度觀察，日圓匯率不可能走升。日本以外的亞洲貨
幣走勢則仍將與美國聯準會貨幣政策息息相關，尤其當日圓
對美元匯率不再複製2012年9月起的急貶走勢，而是以溫和
的速度貶值時。

　　嚴格說來，亞洲貨幣與美元指數關聯性高於其與日圓和
人民幣關聯性，而近年來牽動美元指數走勢的主要因子在於

聯準會的QE政策。

從過去經驗可知，在歐債問題無重大負面事件發生時，聯準會施行QE往往使美元指數走弱。而隨著ECB於2012年9月推出直接貨幣性交易（Outright Monetary Operations，OMTs）後，歐債危機發生尾端風險（tail risk）的機率已經降低。因此，在聯準會推動QE3期間，亞幣仍有升值的空間。

安倍經濟學真能挽救日本經濟？

從經濟學理論來看，寬鬆的貨幣與財政政策的確可以推動經濟恢復成長。但對日本經濟而言，這顯然並不足夠。

在「失落的20年」中，日本政府不乏推出各類大規模的財政激勵計畫，包括現任副首相兼財務大臣麻生太郎在2008年9月至2009年9月擔任日本首相期間，曾為因應金融海嘯而提出的多項激勵政策在內，事後都證明這些計畫只能發揮短期效果。

以2009年5月通過，規模高達15.4兆日圓的經濟危機對策為例（與民間投資相關者為6.2兆日圓），雖然讓日本經濟從當年第2季起，便出現由民間消費支出、政府支出及出口成長所帶動的連續6季成長，但從2012年下半年日本經濟疲弱的經驗可知，一旦激勵政策到期，經濟成長動能就會頓失。

而且，在連續6季經濟成長期間，日本民間投資成長始終處於停滯狀態，顯示當時促進企業進行節能設施研究開發、協助企業融資及拓展海外事業等激勵投資政策效果，不如預期。由此可知，單純的激勵政策思維，無法帶動日本經濟走向正向的自發性循環。

日本經濟的結構性問題

日本的激勵政策之所以會有這樣的結果，實不難理解。

泡沫經濟破滅後，日本社會陷入長期去槓桿化，固然是經濟不振長達20年的原因之一，但人口老化導致勞動力萎縮，卻是日本經濟難以復原的根本原因。

再者，礙於農業團體在內的各方利益團體壓力，日本長期設有各種貿易保護障礙，使相當仰賴外需的日本，在各種雙邊與多邊貿易協定的談判中受到掣肘，在全球化的過程中喪失卡位先機。

因此，在推行財政激勵政策的同時，若安倍政府無法透過各種誘因政策，有效解決人口老化問題及提高婦女勞動力，或善用各種產業政策，釋放部分難以獲利、卻持續接受政府補助的產業資源，投入相關醫療照護等具有前景的產業，一旦激勵政策到期，日本經濟可能又再度回復到奄奄一息的狀態。

另外，票倉多數集中在農業縣份的自民黨，如何平衡地方勢力，積極加入各種國際經貿組織，打開產業出口的活路，避免企業在市場不足考量下，選擇持續外移；以及妥善運用收購製造業廠房及設備再回租政策，勿讓理應循市場機制而倒閉的殭屍企業得以存活……等，皆是安倍政府推行激勵政策的大考驗。

至於備受推崇的極度寬鬆貨幣政策，也不是百利而無一害。在一般情況下，當政府財政收支呈現赤字時，政府可以藉由發行政府公債或由央行增加發行貨幣購買公債（又稱為債務貨幣化，monetizing the debt）等兩種方式融通財政赤字。

如今，安倍政府不但要求日銀積極透過資產購買計畫買進日本公債，甚至買進建設債券以支應激勵政策之需，難免讓市場產生債務貨幣化的疑慮。再加上若經濟在一連串的激勵政策下好轉，投資信心恢復，量化寬鬆貨幣政策過度釋放的流動性，有可能升高長期通貨膨脹預期。

上述兩者任何一股力道襲來，都會推升日本公債殖利率。如安倍上任初期，各界對債務貨幣化疑慮升高，日本10年期公債殖利率從0.699％（2012/12/10）快速上升至0.819％（2013/1/11）。換言之，若債務貨幣化或通膨預期異常提高，將使日本政府無法享有目前低於1％的發債成本，並會進一步惡化財政赤字。

QQE絕非萬能

雖然日銀目前的QQE政策有助於壓低債券殖利率，但少數日銀官員擔心，為了盡早解決通縮問題，並拉高通膨預期的QQE，也會帶動殖利率上揚，使QQE政策陷入自相矛盾的困境，容易提高債券市場的不穩定度。

在日本政府累積債務已逾GDP 220％的情況下，如果出現通膨先發生、經濟穩健復甦後出現的情況，那麼日本還未享受經濟成長帶動稅收增加的效果，便得遭遇公債殖利率上升，導致政府償債成本迅速升高的窘境。

換句話說，公債殖利率提高，將衝擊政府財政狀況；政府若因而增加發債，又會使殖利率加速上揚；利率上升，不僅會阻礙政府所規劃的擴張性財政政策，也迫使打算借錢投資的企業縮減規模或放棄投資計畫，連帶使銀行受到嚴重衝擊。

再加上日本銀行業普遍持有大量的債券部位且公債比重偏高，債券價格若重挫，銀行業的獲利能力立即受損，政府反而需要注入新資金支持銀行。

萬一發生這樣的情況，安倍經濟學的效力必然大減；若情況更加嚴重，將迫使日銀縮小政策規模，甚至於反其道而行。而且，若通貨膨脹率回升的速度超過工資上漲速度，也將衝擊日本民眾的實質購買力。

因此，在這場經濟成長和通膨預期的田徑賽中，日銀的

QQE政策必須讓經濟成長的速度大贏通膨預期，才能避免殖利率走揚的連鎖效應。

此外，日銀官員雖對藉由QQE政策解決通縮問題有共識，卻也憂慮通膨預期提高並不意味著實際通貨膨脹率會相應上升。若日銀未能在2年內達到2%的通膨目標，勢必將危及日銀貨幣政策的可信度。

所以，對日銀而言，除了要盡力降低貨幣政策矛盾問題的衝擊外，還要適時進行彈性的公開市場操作，藉此穩定債券市場波動。畢竟銀行、壽險業與退休基金是日本公債最主要的持有者，如果債券市場波動過大，將會增加這些機構的持有風險，並降低持有日本公債的意願，造成公債殖利率無秩序地揚升，弱化貨幣政策的效果。

消費稅成為安倍內閣的莫大考驗

2013年第1季日本經濟成長達3.5%，為7大工業國（G7）中成長最快的國家，且消費與出口貢獻大部分的經濟成長率。雖然第1季日本民間投資仍然衰退，但日本內閣府數據顯示，日本3月機械訂單月增率由前月的0.9%大幅加速至27.8%，核心機械訂單增幅擴大至14.2%，明顯優於市場預期的3.5%，內閣府對訂單動向的判斷基調為「可以看到動能緩

慢的復甦」。換言之，在安倍經濟政策激勵下，日本景氣呈現好轉，企業投資意願提高，投資動能持續復甦。

再者，4月份失業率維持在2008年12月以來最低的4.1％，求才／求職比持續攀升到2008年7月的水準，加上4月份受薪家庭收入名目年增率為2.2％，連續第2個月成長，顯示就業市場呈現復甦的跡象。由此可知，安倍經濟學所創造的正向循環，確實拉動沉寂已久的日本經濟。

安倍經濟學不只對日本經濟產生明顯的刺激作用，也讓民眾感覺「看到希望」，但仍有不少專家學者開始擔心，安倍政府的猛藥，能否持續發揮藥效？而2014年第2季，便是重要的轉折點。

隨著消費稅調高至8％的時程進入倒數階段，日本國內從2013年第4季開始的商品折扣戰，也到了近身肉搏的最後廝殺時刻，且可大略分為兩大戰場。

一是搶攻現有稅率日落期優惠的傳統型折扣區，主打價格相對較高的耐久性消費，如汽車、家電等；另一個則是強調集點或會員制的省稅服務區，像是量販及零售賣場業者所推出，具有電子錢包功能的Suica（俗稱西瓜卡，提供如自動捨去消費零頭、消費集點等好康），希望能留住4月1日消費稅率調高後的顧客買氣。

即使兩大戰場的作戰時程及產品有別，卻都反映出對消費稅調高的焦慮。

日本國內的調研單位及新聞媒體公布的民調，更頻頻以消費稅為主軸，詢問民眾對經濟的觀感及未來消費動機，其結果不問而知。國際市場遂將消費稅視為檢視安倍經濟學成敗的重要指標，部分悲觀論者更常以1997年4月消費稅由3％提高到5％後，引發長達15年通貨緊縮與經濟困頓的慘痛經驗，預言如今略有起色的日本經濟，將因消費稅提高而受創，並陷入經濟長期衰退與金融市場不穩定的危局。

配套措施減緩衝擊

但4月1日之後的日本經濟，真會遭逢悲觀論者所言的厄運？消費稅真的是安倍經濟學的死亡鐘聲嗎？倒也未必。

一般而言，考量到消費稅率提升將帶來的價格變化，民眾往往會提前增加耐久財商品的消費，這導致消費動能在稅率調升後，出現真空的情況，這也是悲觀論者立論的來源。

然而，與1997年相比，在此次相應稅率調升的政策組合下，消費者稅賦負擔較小。

例如在2014財會年度的稅制改革中，日本對許多耐久性消費財提出的刺激政策，將產生推遲消費的效果，可平抑消費在稅率調升前後的波動情況；又如1997年消費稅率調高的同時，政府還進行年金／醫療保險的改革，廢除相關的減稅措施，使日本整體家庭稅賦負擔增加8.5兆日圓。

　　但這回與新稅率相伴上路的，是政府將削減年金保險費9,000億日圓的支出、增加高所得民眾所得稅1,000億日圓、增加低所得戶1兆日圓福利支出，以及停止因311東日本大地震重建而削減的公務員給付，等同使公務員家庭「恢復」約3,000億日圓的收入。若再加計耐久財刺激政策效應，2014年日本民眾家庭稅賦負擔增加不到8兆日圓，使日本不至於重蹈1997年的覆轍。

　　再者，由於1997年日本政府沒有額外推出寬鬆貨幣政策及結構改革，亦即在廠商經營環境幾無改變的情況下，便提高消費稅率，造成增稅後的經濟成長大幅減緩，侵蝕廠商獲利，導致其裁減雇員，終成惡性循環。但當前提高消費稅政策的背後，已有去年日銀推出QQE的強力支撐，可確保廠商的獲利，使企業的營運信心不會面臨太大的打擊，亦讓就業市場得以維持穩定。

　　況且，日本目前的勞動市場處於供不應求狀態，QQE又讓日圓趨勢貶值長達1年，使豐田、日產等大型企業在獲利回升後，有能力回應安倍政府及民間的加薪期盼，帶動日本企業加薪潮，進而降低消費稅的負面影響。換言之，目前植基於QQE及相關配套政策組合之上的消費稅調升，施行環境遠比1997年為佳。

信心與薪資是關鍵

客觀來論，在民主制度下，增稅措施對任何一個政府而言，都是支持率的莫大考驗，像消費稅這種與民眾日常生活息息相關的稅賦尤甚。

但日本政府之所以在2012年6月選擇消費稅做為提高財政收入的管道，而非藉由調升所得稅與企業營業稅，抑或縮減福利支出及減少企業租稅優惠等方式，原因在於日本的消費稅占政府總收入比遠低於OECD國家平均，擇其調升並不會惹來非議。

更重要的是，消費稅是收入最穩定的稅種，開徵將有助於提升各界對日本財政改善的信心，且能夠發揮串連安倍經濟學三箭策略的功能。換言之，先借助第一箭QQE打造出的寬鬆貨幣及日圓走貶環境，減緩增稅的負面衝擊；再透過增稅提升的財政收入，支援第二箭的財政政策以及第三箭的成長戰略。

面對日本這樣一個經濟失落長達20年之久的國家，安倍晉三在執政後，仍然續推消費稅率調高政策，冀望其能有效推升物價，一舉點燃消費引擎，加速衝出15年的通縮困境，其用意並不難理解。然而，對從未見過通貨膨脹的當代日本年輕人，以及已被經年通縮磨到不相信通貨膨脹會出現的青壯年民眾，增稅是否會讓他們更怯於消費，還有待觀察。

　　不可諱言，增稅措施無疑是一場豪賭，但豪賭未必會輸。如果日本 2014 財會年度開始後，民間薪資成長幅度力道充足的話，增稅可望帶動物價上揚，並朝向安倍政府 2% 的通貨膨脹目標前進；但若薪資成長幅度不高，日本恐將再為現代經濟發展史，寫下一頁經濟學理難以解釋的誌異奇譚。

第 4 章

美國經濟巨人的前路

由於次貸問題引發的金融衝擊太過巨大，以致於各界在一輪又一輪的QE影響下，不經意地將美國經濟發展問題歸到QE上頭，誤以為只要QE能紓解次貸問題，讓美國民眾不再被迫賣房、不再被房貸壓得不敢消費，假以時日，美國經濟就能夠撥雲見日。

但美國經濟的問題，何止次貸與QE釋出的流動性，那藏在QE背後，長期累積又糾纏難解的財政問題，正一步步將美國引入黑洞般的漩渦。

美國前雷根總統預算辦公室主任大衛・史托克曼（David Stockman）便曾抨擊，美國政府並沒有妥善控制戰爭預算或福利支出，也未能提高償付政府債務所需的稅收，只是不斷地累積債務，把燙手山芋留給後代。

此外，QE帶來的大量流動性，不但無法有效刺激銀行貸款或企業投資，反而被困於華爾街的深淵，並逐步發酵成新一輪泡沫。一旦破裂，美國將會墮入一個緊縮與惡性政治衝突交織的時代。

或許有人認為史托克曼太過悲觀，但不可否認的是，美國財政問題的嚴重程度，確實已難以容許政治菁英們繼續拖延與迴避了。

「2012年減稅法案」（American Taxpayer Relief Act of 2012，ATRA）雖然讓美國從「財政懸崖」（fiscal cliff）的威脅裡倉皇脫身，但這只是揭開了美國民主與共和兩黨的財政

僵局序幕。

果不其然，2013年3月的自動減赤、10月的政府關門，以及持續圍繞在債務上限的不確定性，都凸顯兩黨在財政改革看法上的莫大歧異。

財政懸崖至今雖然還未發生，但並不代表已被解決，甚至因為其中繁複的中長期財政規畫與政治角力，兩黨「不約而同」的採取以拖待變策略，不只讓財政改革的道路崎嶇難行，更成為美國長期經濟成長的不安因素。

財政改革之路崎嶇難行

深入分析近年來美國政府債務明顯累積的成因，可概分為景氣循環及非循環因素兩大層面。

循環因素：稅收大幅縮減

2008年金融海嘯時，美國政府為挽救經濟成長，大舉推出各項擴張性財政政策，但由於經濟成長低迷，稅收明顯減少，使財政體質急速惡化，政府債務占GDP比從2007年67%升至2011年超過100%，且持續攀高。

另一方面，受到2001年與2003年小布希政府施行的減稅

方案影響，美國聯邦與地方政府的稅基產生結構性縮減。

　　以稅收而言，2001年後聯邦與地方政府稅收占GDP比即逐年下滑，反映稅收因優惠稅率而減少。雖然2005～2007年的經濟成長佳、民間所得成長，政府稅收占GDP比小幅回升，但幅度有限。其後，又因金融風暴再度降低，占比從2007年的18.5％續降至2009年的15.1％，明顯不如優惠稅率實施前（1990～2000年）的平均18.7％。

　　縱然自2009年起，美國經濟開始復甦，但2009～2012年平均稅收占GDP比卻僅剩15.4％，凸顯聯邦與地方政府收入在優惠稅率方案實施下明顯縮減。

　　此外，金融海嘯後，美國潛在GDP成長率明顯降低，更讓非循環性收入進一步下滑，加大結構性赤字問題。

非循環性因素：持續入不敷出

　　除了優惠稅率加重稅收降低的問題外，美國政府支出亦存在結構性的問題。

　　根據國會預算局（CBO）資料，2012年預算支出中的政府「法定支出」（mandatory spending），也就是包含聯邦醫療保險（medicare）與醫療補助（medicaid）等的強制性支出占GDP比達13.2％，遠高於國會可審核控制的「裁量支出」（discretionary spending）之8.3％。顯示美國財政預算中，國

內義務性開支占比極重，特別是健保等福利支出項目。

隨著戰後嬰兒潮逐步邁向老年，未來美國醫療健保等支出將快速成長。CBO預估，2022年政府醫療健保支出將高達1.8兆美元，占該年GDP達7.4％，明顯較2012年提高2.1個百分點，並推升聯邦政府法定支出至3.6兆美元，為2012年的1.73倍。

由此可知，經濟衰退固然是造成美國政府債務過度膨脹的原因之一，但真正讓政府債務不斷墊高的關鍵，在於結構問題持續衍生的入不敷出。IMF更預測，2017年美國債務占GDP比將達114％，超出已開發國家平均的111.7％，可見美國債務負擔之沉重。

政府債臺高築，不但為財政支出帶來利息負擔，也排擠國內投資，削減經濟成長動力。因此，自2011年以來，美國當局即著手處理財政改革議題，在當年8月通過「2011年預算控制法」（Budget Control Act of 2011）。從立法的背景來看，「財政懸崖」之所以出現，便是為了解決美國政府債務膨脹的問題。

治標不治本，美國債愈燒愈大

各界之所以會這麼恐懼「財政懸崖」，關鍵在於2011年民主與共和兩黨在協商中期財政整頓計畫時，雖然都同意必

須控制政府債務，但立場卻天南地北。民主黨主張透過增加政府稅收來減低赤字、共和黨則希望以大規模的減支，特別是以刪減醫療方案來縮減政府支出的方式進行。且由於當時2012年美國總統與國會大選在即，使各方立場始終無法拉近，所以最後推出的法案，屬於極度傷害短期經濟的「前傾式」減赤模式（即指財政撙節措施多集中在前幾年）。

當時規劃未來10年將刪減的2.1兆財政赤字中，絕大多數的減赤方案集中於前3年，並以2013年占GDP比達3.2％的減赤規模最大。因此，市場普遍認為，一旦這樣的財政規劃上路，美國經濟勢必會再度陷入衰退。

儘管民主與共和兩黨趕在「財政懸崖」到來前，通過「2012年減稅法案」（ATRA），明顯緩和2013年財政緊縮的程度，但它終究只是個治標的救急藥方，而非治本的長期良策。

ATRA並非調整各年度的減赤分配，而是單就稅率作調整，且因展延多數的優惠稅率，使得2013～2022年的美國財政赤字，較原有規畫增加了3.9兆美元。換言之，在ATRA法案下，國會不僅未達減赤目的，反而擴大財政赤字，削弱財政改革之力度。

進一步分析CBO資料，在「2011年預算控制法」的政策規劃下，2018年前美國財政收支逐步朝向收支平衡邁進，政府債務將走向可持續的水準（見圖表4-1），當年度財政赤字占GDP可望降至0.4％的低點。其後幾年，雖然無法進一步下

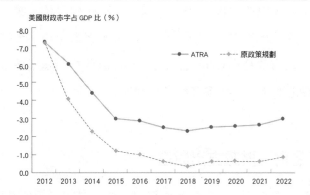

圖表 4-1 美國政府財政赤字情境（2012 ～ 2022 年）

美國財政赤字占 GDP 比（％）

資料來源：CBO、元大寶華綜合經濟研究院

降，但赤字比皆維持1％以下之水準，財政品質尚算穩健。

　　然而，ATRA通過後，2018年度財政赤字占GDP比重，僅能由2012年的7.3％降至2.3％，接著便偏離改革軌道，使2022年財政赤字占GDP將回升至2.9％。所以，ATRA雖避開了財政懸崖，但卻加大美國債務可持續性的疑慮。

美國結構性赤字探源

　　近年來，各大國際組織（含IMF以及3大信評機構在內）之所以紛紛要求已開發國家，一定要在數年內降低政府債務

占GDP比的原因，主要是基於人口老化的考量。

各主要已開發國家的嬰兒潮世代已屆臨退休年齡，使該等國家未來的財政支出，必然呈現激增態勢。若不及早因應並降低政府債務占GDP比，屆時政府債務將明顯累積並超過可持續的水準，引發潛在的系統性風險。

人口老化，財政支出激增

美國聯邦政府支出大致可分「法定支出」與「裁量支出」。前者為政府依法所需承擔的責任支出，如社會保險、醫療健保、聯邦政府員工與軍隊退休金、勞工退休金等；後者為政府運作與政策執行之支出，包含國防支出，以及特別事項外的非國防支出，如治安、交通、教育、衛生等。

法定支出為法律上政府所須承擔之責任，為強制性支出，因此國會對此並無裁量權，僅能透過量入為出（pay-as-you-go，PAYGO）之準則，限制強制性支出的增加。換言之，國會進行預算審核時，除非進行修法，否則對法定支出並無太大調整空間，僅能針對裁量支出進行刪減。

以2012年為例，裁量支出與法定支出分占美國政府財政支出的36％與58％（見圖表4-2）。隨著經濟逐步回穩，刺激性財政政策退場，裁量支出占GDP比重逐年回降，預期2022年將降至GDP之5.6％的低點，反映政府部門力行撙節的成

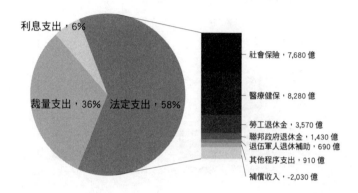

圖表 4-2　2012 年美國財政支出結構

利息支出，6%

裁量支出，36%　法定支出，58%

社會保險，7,680 億

醫療健保，8,280 億

勞工退休金，3,570 億
聯邦政府退休金，1,430 億
退伍軍人退休補助，690 億
其他程序支出，910 億

補償收入，-2,030 億

資料來源：CBO、元大寶華綜合經濟研究院

效。即便如此，CBO仍預期，當嬰兒潮世代屆臨退休，而改革依舊原地踏步，則2018年起的法定支出將會明顯膨脹，使政府支出占GDP比無法回降。

具體地說，在目前法規下，未來10年政府社會保險支出，以年平均5.8％的速度成長，而醫療健保支出則在「歐巴馬健保」（Obamacare）政策下，未來3年將以平均10.8％的增幅擴張，至2022年平均增幅會達8.3％。

這將導致社會保險、醫療健保的支出增幅明顯超出名目GDP的增幅，即使國會盡力降低裁量支出，依舊無濟於事，政府支出GDP比仍將居高不下（見圖表4-3）。

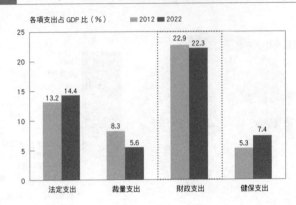

圖表 4-3 2012 年、2022 年美國政府財政支出結構比較

各項支出占 GDP 比（％）　■ 2012　■ 2022

資料來源：CBO、元大寶華綜合經濟研究院

優惠延長，財政收入不足

當社會保險、醫療健保等法定支出一路攀升，而財政收入方面卻嚴重不足，無異使美國的財政問題雪上加霜。

美國聯邦政府收入主要以個人、企業所得稅，以及社會保險稅為主。2012年時，此三者分別占稅收47.2％、9.6％與34.0％，而其他如遺產稅、贈與稅、關稅、菸草及酒類等消費稅等稅收，雖亦有貢獻，卻微不足道。

然而，2001年與2003年小布希政府實施的所得優惠政策，減輕家戶平均聯邦稅率，使政府稅收出現結構性縮減。其中，個人所得稅占GDP比更因此逐年下降。即便2012年因

經濟復甦回升至7.5％，但仍明顯低於2000年時的10.2％。

此外，ATRA保留大部分小布希時代的優惠稅率，使得個人所得稅占GDP比在可預見的未來，不易顯著提高。加以嬰兒潮世代即將退休，社會保險稅收入也將減少，稅收都難再隨著支出的膨脹而相應增加。

美國財政改革有哪些可能

為避免嬰兒潮世代退休激增的健保與退休金成本，造成政府債務不可持續，美國勢必要推出中長期的財政改革計畫。若只是不斷地拖延財政改革時程，政府債務的累積，終將使信評機構調降美國債信評等。

從「2011年預算控制法」的經驗可知，財政改革不能是一步到位的前傾式改革，而應是漸進式的逐漸消除財政赤字，才能在維持經濟成長的前提下，達成財政改革的目的。但ATRA的通過，又讓美國顯著偏離債務可持續的水準——未來10年，美國必須刪減近4兆美元的赤字，才可能達成此目標。

改革稅式支出，開拓新稅收

一般而言，增加政府稅收有兩個方法，即調整現行稅率或額外開拓新稅收來源。但由於ATRA已確定美國所得稅的各項稅率，使國會後續僅能就ATRA未觸及的稅式支出（tax expenditure）改革，如降低所得稅或房屋貸款利息扣除額，以及其他稅收的減免。

以2013年為例，個人免稅額為3,900美元，若根據稅收政策中心（Tax Policy Center）所預期的1.58億個納稅單位計算，稅式支出金額達6,172億美元；同樣的，雖然各種身分（如單身、夫妻合報、戶主申報）之標準扣除額不同，但以平均的9,083美元計算，稅式支出為1.4兆美元。

易言之，稅式支出提供國會未來稅制相當大的調整空間，且創造出的長期減赤效果將更加明顯。

《紐約時報》曾彙整，單是調降高所得者扣除額，減少政府稅式支出，在2015年即可減少250億美元的財政赤字（約為該會計年度赤字比的11.8％），2030年效果則將放大至540億美元。

此外，額外開拓新稅收來源亦為提高政府收入的方法。例如歐巴馬總統在2010年便曾提出對資產500億美元以上金融機構課徵0.15％的金融責任稅，並且於2012年再次論及，針對年收入超過百萬以上者課5.4％的附加稅，即所謂的「巴

菲特稅」法案。

又或是2012年底美國國會研究服務中心（Congressional Research Service）曾建議對企業徵收每噸20美元的碳稅，預期若2012年開徵碳稅，則當年碳稅收入可達880億美元，至2020年則提升至1,440億美元，約可減少10年債務12～50個百分點；額外課增5％的消費稅也是可能的選項。

刪減支出的可能選項

「2011年預算控制法」之所以為人詬病，主要是它透過刪減裁量支出的方式控制赤字。但造成長期債務不可持續的源頭，在於規模龐大的法定支出，而非裁量支出，這無異是挖西牆補東牆。而且，裁量支出的刪減又會壓縮美國教育、基礎科學、基礎建設等與長期美國生產力息息相關的支出項目，將不利長期美國經濟成長。

參酌目前歐洲的撙節措施做法，要有效降低醫保與退休支出，可延後退休年齡。雖然民主黨對此採反對立場，但相較修改其他醫保或社會保險細則，修改法定年齡的困難度較低，且由2030年與2015年減赤規模的不同，可看出其長期所創造的減赤效果龐大。因此，調整醫保與退休年齡為可行性較高的方案之一。

此外，國會也考量就每年健保支出上限達成協議，限制

每年健保支出的成長率不超過經濟成長率某一個百分點，如此既可避免財政支出刪減的前傾式缺點，又能根治政府支出膨脹的問題，並提高美國醫療體系效率。

由民主黨的鮑爾斯（Erskine Bowles）與共和黨的辛普森（Alan Simpson）所領導的國家財政責任和改革委員會，在2010年12月1日起草「辛普森-鮑爾斯（Simpson-Bowles）計畫」時，考慮的重點便是這兩項健保與社會福利改革。

以拖待變，錯失三贏機會

其實，美國財政僵局並非無解，且所有的改革也未必都是有害經濟成長。只要國會雙方願意各退一步，民主黨不再堅持完全不更改當前健保與社會安全支出，共和黨也不再堅持完全不能加稅，願意全面調整美國稅務體系並擴大稅基，美國還是有辦法找出一條短期內不至於過度傷害經濟，但長期卻可控制政府債務比的途徑。

民主政治的真諦，在於透過公正的選舉制度及規範明確的議事程序，尋求全民最大利益。若民意代表與行政單位對某些議題有對立意見時，則須透過合議制度的協商與妥協，找出符合集體最大利益的政策方向。正常情況下，美國財政僵局其實是政治人物大展身手，為長期經濟發展尋求最適定

位的最佳時機。

　　而當兩黨還沒有陷入僵局時，三贏（民主黨、共和黨、
美國民眾）的方案早就呼之欲出：首先，可利用這個機會修
補美國稅制漏洞，在不提高稅率的情況下，增加美國財政收
入；其次，透過設定較合理的醫療成本膨脹目標，控制「歐
巴馬健保」上路後可能對美國財政造成的負擔；第三，理性
地談判中長期財政整頓計畫，取代目前具前傾式特性且妨礙
美國經濟成長的自動減赤機制。

延長時限的惡性循環

　　從2013年9月起兩黨各次的提案與協商可知，其財政改
革努力的方向並不是解決僵局，例如10月14日，參議院提議
舉債上限延後至2014年2月15日，且政府也可以運作到2014
年1月15日，並成立一個新的預算委員會於12月13日向國會
提交財政整頓計畫。

　　這種無路可走時，就設法延長時限與設立另一委員會的
方式，只會讓議題始終停滯不前、國會議事呈現空轉，即便
沒有對經濟造成立即性影響，但長此以往，美國經濟的活力
也會被消耗殆盡。

　　回顧近年的發展，類似的場景實在讓人記憶深刻。當
2011年的財政僵局在舉債上限即將於8月上旬觸及時，兩黨的

做法就是短暫延長舉債上限，並且成立包含兩黨重量級人士
的赤字縮減聯合委員會，以換取更多的時間。但之後的發展
是，委員會於2012年1月31日解散，且美國於2013年1月陷
入財政懸崖危機。

美國財政走進難解賽局

　　這樣的政治僵局，縱然延續到2014年11月的期中選舉
前，亦不令人意外。從賽局理論即可推導與證實。

　　假設在現有的政治環境及財政問題下，華盛頓政治人物
心中所想的，並非謀取人民最大福祉（違背民主政治真諦），
而是政黨與個人的政治權力。

　　此時，民主黨如果妥協於一部分共和黨議員的要求，便
會提供共和黨議員下台階的機會；但若多數民意將美國政府
關門的政治責任歸咎於共和黨議員，讓僵局持續，反而有利
於在2014年11月的期中選舉，有可能一舉拿下參眾議院的多
數席次，進而完全執政。因此，白宮或民主黨議員始終採取
堅定立場，就連10月9日共和黨於眾議院提案延長舉債上限6
週，也不予考慮。

　　相較之下，共和黨議員則在進行一個更複雜的賽局。

　　共和黨內存在極端右派的茶黨勢力與以眾議院議長貝

納（John Boehner）為首的中間派勢力。茶黨議員雖然為數不多，但各自在地方都有相當穩固的民意基礎。因此，在權衡2014年選後的勢力消長與黨內和諧，並考量美國政府第18次的關門應不會對經濟造成災難性的影響後，決定在10月1日起政府關門的議題上，選擇擁抱共和黨的意識形態，堅決反對歐巴馬健保上路。

同樣的賽局，若用於10月17日的舉債上限，結果將截然不同。畢竟，政府關門對長期經濟的衝擊並不太大，只不過影響到聯邦政府的員工罷了，政府必要的核心功能並沒有喪失。兩黨亦於10月5日以407票對0票通過「聯邦員工補發薪資公平法」，表明將會在政府重新運作後，回補10月1日後拖欠的薪資。

但若10月17日沒有調升美國舉債上限，將會影響到政府社會福利支出的正常發放，民眾對政府與國會的觀感，將會從失望轉向憤怒。屆時，不只是共和黨支持度大降，民主黨與白宮的支持度也勢必會受到影響，反而不利隔年期中選舉的選情，使未來政治發展蒙上不確定性。

因此，根據賽局理論，理性的政治人物，一直都沒有堅持不調升舉債上限。這也是為何自10月1日政府關門起，市場對上演的財政僵局戲碼，始終冷眼旁觀，且均理性假設到最後一刻，兩黨終將以某種形式達成妥協。

囚犯困境的角解

也就是說，若兩黨的目標果真是極大化各自的權力與勢力，那麼在舉債上限又再次延後時，兩黨又將回到最初賽局：民主黨希望藉由接下來的預算委員會設立另一個僵局，藉此削弱共和黨的民意基礎，而共和黨在沒有執政權的情況下，也希望財政僵局能夠持續，一方面爭取全國的曝光度，另一方面也向共和黨選民展現其捍衛核心價值的決心。

因此，當兩黨都抱持自私的考量時，賽局最終只能走向囚犯困境的角解（corner solution）[1]，亦即財政僵局在隔年期中選舉之前都無法解決，美國的政策決策品質也將持續低落，並傷害其經濟活力。最終，財政改革與舉債限額的問題惡化，亦將連動國際信評機構對美國債信之評級。

正如2011年8月，受到歐債牽連，美國日益沉重的債務負擔亦為市場焦點，財政與舉債僵局便成為導火線，使信評機構標準普爾於8月5日大舉調降美國債信評等至AA+，為1917年以來首見，讓金融市場面臨極大的震撼。而其他信評機構（如穆迪與惠譽），雖維持美債於最高Aaa的信用評級，但亦將美債長期評等展望維持或下調至負向，暗示美債評等仍有遭調降之可能。

頁岩油、氣躍進，擺脫政經陰霾

美國的財政改革在民主黨及共和黨各有盤算的情況下，陷入僵局歷經 3 年未止，並造成 2013 年 10 月出現 17 年首次的聯邦政府局部關門。政府打烊 16 天，使美國政府與民間至少損失 240 億美元（約新台幣 7,066 億元）。

從金融海嘯重創經濟，到財政改革造成的議事空轉，讓曾經傲視全球的美國政經制度與發展，變得不那麼受人仰望。甚至有美國媒體報導，在近年經濟不振與中國崛起的氣氛下，部分美國民眾心中的大國驕傲已逐漸減弱。

所幸，在一連串的政經負面因素中，仍有頁岩油、氣的出現及技術突破帶動的商機，為美國種下一株有望重返經濟巨人的希望之樹。

頁岩氣革命來臨

伴隨全球經濟成長與人口增加，能源及石油的消耗量

---

1. 所謂的角解，是指以追求效用最大的決策者，在進行選擇時，其效用最大的某一種商品數量落在負值。但受自然限制，導致決策者最終的最佳選擇，即為該商品的消費量為零。在此案例中，假設與對方政黨的互動關係即為某一種可測度的商品，大於零代表不合作的程度，小於零代表合作的程度。明明雙方合作可以取得雙贏的成果，但由於雙方缺乏互信基礎，使合作的情境無法發生，此時的最佳選擇將是一個非效用極大化的角解。

愈來愈大。當代專家承襲美國地質學家哈伯特（Marion K. Hubbert）的理論，推斷全球原油產量將於2004年至2015年間達到極限。

此一論述，佐以21世紀金融海嘯前的油價飆漲、替代的再生能源效率低及成本高等環境因素，讓部分悲觀論者揚言，全球將迎接空前的能源危機與經濟衰退。

但近年在高油價及開採技術日新月異下，緻密油（tight oil）、油砂（oil sands）、深海鹽層下原油（presalt deepwater oil）、油頁岩（oil shale），以及極地海洋石油（Arctic offshore oil）等非傳統石油已愈來愈具開採價值[2]。

其中，又以頁岩油、氣的發現、水平鑽井（horizontal drilling）、水力壓裂（hydraulic fracturing）開採技術突破，所帶動的產量提升，最受矚目，亦緩和了各界對石油產量高峰（peak oil）的焦慮，也使媒體討論的議題由石油資源耗竭轉至石油供給將成長到何種境界。

2011年德國聯邦地球資源與自然科學研究院（BGR）的報告顯示，全球已證實的石油儲量（reserves）約為1.48兆桶，以每天消費9千萬桶估算，約可再用45年。其中，傳統與非傳統石油儲量的比例為7:2，且有高達76.8％的傳統石油儲量集中在中東地區。但就未來可開採的資源（resources）而言，尚約有2.04兆桶石油，傳統與非傳統的比例為15:16，且有半數以上位於OECD國家。

　　隨著生產成本降低、產品價格上漲或開採技術進步,「資源」可轉為具生產價值的「儲量³」。而非傳統石油的湧現和開採,將可低市場對石油輸出國家組織(OPEC)的依賴。

美國將成為能源出口國

　　早在19世紀,美國即試圖探鑽小規模的頁岩氣礦井,卻受限頁岩的低滲透率和孔隙度,無法找到具經濟規模的開發方式,使每個礦井的開採作業皆不敷成本。之後,終在水平鑽井和水力壓裂技術的突破下,大幅降低開採成本。

　　1998年水力壓裂技術首次應用在德州的巴涅特(Barnett),但與當時的天然氣價格相比,技術的成本仍然過高,使頁岩氣的開採與投資仍然有限。不過,隨著新興市

---

2. 目前儲量較大且較具生產價值的非傳統石油,為緻密油與加拿大油砂,預計各約為3,000億桶與1,700億桶。緻密油(包含頁岩油)儲量主要分布在美國,開採原理與頁岩氣接近,都是藉由應用水力壓裂與水平鑽井工法,將頁岩層內的石油取至地面,目前生產成本約為50美元/桶;油砂是瀝青混和砂石、黏土所構成,生產方式是以現地熱採法(in-situ thermal)為主,即注入蒸氣加熱,使地底的瀝青融化以利採取,再經提煉轉換成合成石油,目前生產成本介於50～75美元/桶;油頁岩是有機化合物組成的油母質,美國預估有8千億桶儲量。油頁岩並非開採即可直接使用,需經過加熱、蒸餾轉變成頁岩氣或頁岩油,目前生產成本約介於70～95美元/桶。

3. 在此所指的儲量,並非天然儲存量,而是在目前生產成本、生產技術與產品價格下,可立即開採的數量。

場的崛起，2005年起國際天然氣及原油需求呈現爆發性的成長，在供不應求的情況下，2005～2008年天然氣價格明顯上漲，甚至突破10美元／百萬英熱（MMBtu），超過水平鑽井和水力壓裂技術的成本，促使廠商大量投入頁岩氣開採。

根據美國能源署（EIA）發布的能源展望報告顯示，2011年頁岩氣已占全美天然氣總生產量的34％，預估至2035年將達到60％以上，且2020年時美國將成為天然氣的淨出口國，是以被稱為「頁岩氣革命」。

在頁岩氣革命的背後，頁岩油的增產也悄悄地展開。

金融海嘯後，國際原油價格快速地從每桶30美元突破至100美元，讓市場逐漸產生油價將續處高檔的共識。加上頁岩氣革命讓美國天然氣價格從2009年的13美元／MMBtu，大跌至2012年最低不到2美元／MMBtu，能源開採公司便將部分產能由頁岩氣轉向頁岩油的開採，促使2008年起美國原油自產量不斷提高。從2008年的500萬桶／日，提高25％至2013年5月的730萬桶／日，同時間，美國原油進口量也下降約250萬桶／日。

據EIA估計，美國頁岩油蘊藏量達240億桶，且將隨著新油源的探勘而不斷增加。因此，國際能源總署（IEA）在2012年的《能源展望報告》中預測，2017年美國將取代沙烏地阿拉伯，成為全球最大原油生產國（見圖表4-4）。市場因而開始思考頁岩氣革命是否複製到頁岩油上，讓國際油價複製2012年美國天然氣價格大跌的歷史。

圖表 4-4　**美國頁岩氣及緻密油產量**

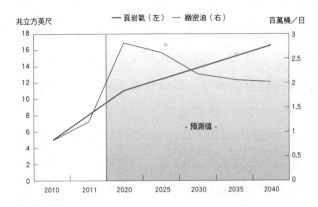

資料來源：EIA

美國頁岩氣如何影響國際政治生態

　　對國際原油市場而言，頁岩氣與頁岩油的開發尚未對油
價產生立即的影響，主要是天然氣運輸仍相當困難，使其對
產地市場的影響遠大於國際市場，但原油屬於全球性市場，
且目前美國頁岩油供給占全球原油供給比重甚低，即便生產
明顯增加，對國際油價的影響程度，仍不及OPEC國家。

　　不過，有部分學者專家認為，美國頁岩氣與頁岩油的增
產，將大幅改變國際政治的生態。

對中東關係，此消彼長

根據國際貿易中心（ITC）統計，目前美國約有20％的原油進口來自中東地區，因此美國向來涉入中東事務極深，以確保原油運輸路徑的暢通。但隨著美國的頁岩油與加拿大的油砂興起，未來10～20年內北美地區原油不但可望自給自足，甚至還可能成為淨出口地區，降低插手中東事務的誘因。

相對地，在中國崛起的威脅下，亞洲盟友於美國的戰略地位將日益升高。觀察歐巴馬競選連任成功後不久，即出訪包含緬甸與柬埔寨等歷屆美國總統於任期內未曾到訪的亞洲各國，以及美國在伊朗核武事件上不疾不徐的處理態度，可見美國外交資源將逐漸向東亞、東南亞與南亞區塊的亞洲國家傾斜。

然而若美國不再積極處理中東事務，對相當依賴中東原油的亞洲國家將是一大挑戰。畢竟，中國約有40％～50％的原油是從中東國家進口，而台日韓三國則高達70％～90％。中東地緣政治事件的發展，將成為東亞國家經濟發展的一大隱憂。

假設美國淡出中東，中國是否會接手？就現況看來，中國尚無類似美國的強大航母戰鬥群，可供巡弋中東至東亞的運油水域。因此，若美國仍願意巡弋該水域，這些「搭便車」的亞洲國家，勢必在相關國際議題的協商上向美國讓步。

此外，由於西歐對俄羅斯油氣的依賴度頗高，使中東國家一直被歐洲視為與俄羅斯抗衡的施力點。如果中東政局不穩且俄羅斯加強對中國出口油氣，西歐就幾乎失去與俄羅斯在能源議題上的談判籌碼。不過，若未來天然氣的濃縮技術與運輸成本得以突破，美國亦有能力出口時，西歐對俄羅斯油氣的依賴將大幅下降，地緣政治版塊也會隨之移動。

OPEC 地位仍在

那麼，受到直接衝擊的OPEC，又是如何看待美國頁岩油增產？2013年5月底舉行的OPEC例行會議中，多國石油部長對此表示憂慮，但沙烏地阿拉伯石油部長納伊米（Ali al-Naimi）卻認為無需特別關注。

他指出，過去也多次出現非傳統原油供給大量增加的情形，如1980年代北海油田開發及2000年墨西哥灣的深海油井探勘，但均未對國際原油市場帶來太大衝擊。此外，頁岩油的開採技術門檻高，即使至2030年全球頁岩油供給可達500～700萬桶／日，但合併其他油源後的全球原油供給成長量，仍不足以支撐全球人口及經濟成長的需求。

因此，IEA、EIA及OPEC對於長期油價預估，仍呈現逐年增高的趨勢。如IEA在《2013年能源展望報告》預測，2020年後全球原油供給成長將逐漸放緩，2020年布蘭特

（Brent）油價預估為121美元，2025年將達150美元且以每年3.1％的速度持續上漲。

儘管納伊米研判美國頁岩油的增產，尚不至於對OPEC產生巨大威脅，但不可否認的是，部分OPEC國家已受到衝擊。

由於目前擁有頁岩油開採技術及具備經濟效益者，只有美國，使頁岩油90％以上的產量集中在美國，且以輕油為主，這對石油品質相近且以美國為主要出口國的非洲國家來說影響相當大。

2011～2012年全體OPEC國家出口至美國原油產量只下滑6％，但奈及利亞、安哥拉、阿爾及利亞出口至美國原油產量分別下滑達46％、33％、32％。而2013年第1季阿爾及利亞出口至美國原油僅餘875萬桶，為2012年同期的2,582萬桶的1/3左右。

相較之下，美國頁岩油增產幾乎沒有對波斯灣國家造成太大影響。2011～2012年沙國出口至美國原油提高了近15％，科威特、伊拉克出口至美國數量亦有提升。

OPEC的新選擇

面對此等情勢的發展，OPEC內部分成兩派。一派以伊朗和非洲國家為主，它們因政治、經濟的考量，需藉高油價來維持國內支出，以抵消產量下滑的影響，所以希望OPEC可以

減產，讓油價走揚；另一派則是以沙國為主的波斯灣國家，堅持以穩定供給作為OPEC的生產原則。兩陣營之間經常爆發意見衝突。

為緩解OPEC的兩難抉擇，在沙國的主導下，OPEC成員國仍然傾向維持穩定的原油供給，避免油價過度飆漲，但也持續表示，希望油價穩定在100美元／桶，以維持成員國的經濟穩定。

不過，以量制價也非長久之計。畢竟，居高不下的油價，正是加速頁岩油的開採的主因。

再者，從EIA《2013年能源展望報告》的預測看來，OECD國家現今至2040年的原油需求平均成長率僅0.1％，總需求將僅增加70萬桶／日；但非OECD國家至2040年原油需求將大幅增加2,200萬桶／日，尤以中國、印度及中東成長最快。2014年非OECD國家原油消費量將正式超越OECD國家，中國更將在2029年超越美國，成為全球最大原油消費國。

所以，奈及利亞及安哥拉等國勢必尋求拓展中國、印度等新市場，以填補因美國頁岩油自產量增加所導致的出口下滑缺口。

美國能源業的量變與質變

無庸置疑的是，頁岩油、氣的開採已讓美國能源產業產生質變與量變。

首先，上游業者為因應開採所需，儲油槽、鑽油平台、能源提煉等設備將大量建設與升級。從2009年年中至2013年年初，短短4年不到的時間，光是油氣鑽井機數量就成長了約2倍之多。

根據美國天然氣協會（INGAA）預測，未來25年內相關基礎建設投資（不含油管）將達到2,500億美元，其中有2,000億美元來自天然氣；接著，在中游的油氣運輸部分，由於運送天然氣的輸送管管徑和距離，皆較運送原油大上許多，兩者無法共用，使天然氣輸送管線存在大量的興建需求。

同時，由於頁岩油、氣產區集中在美國北達科他州等中陸地區，使得傳統上由東北向西南方向為主的天然氣輸送管線，將無法符合現在由西北運往東南的需求。

此外，能源產業下游的輸氣站興建模式也發生大幅改變。過去，下游業者的生產與配送，多以美國內陸為考量。但2013年美國天然氣平均價格為3.7美元／MMBtu，加上出口成本後，也只有4.6美元，遠低於日本（15美元／MMBtu）及歐洲地區（約10美元／MMBtu）的天然氣價格。如此具有誘因的巨大價差，將促使美國能源巨擘開始興建出口導向的

輸氣站,並希望未來美國政府放寬相關能源出口限制。

再從資本市場的角度來看,也可發現了解頁岩油氣產業的投資人,早已對此龐大商機做出反應。

由於美國企業的收益,若有超過90％來自配息、股息、不動產租賃與販售所得、原物料與原物料期貨相關所得與獲利,以及開採礦物等自然資源的獲利,便可透過具稅務優惠的有限合夥(Master Limited Partnerships,MLP)架構募資,使得目前美國的MLP企業大多是能源儲存、開採和運輸設備,或是代為運輸原油與天然氣並從中收取費用的企業。

因此,MLP ETFs價格能反映這些業者能源設備存量與相關設備的使用率,出租的能源設備愈多、使用量愈大、租金收益也愈高,而投資人所分配到的紅利,自然就愈豐厚。

所以,即使2010年後美國的天然氣價格大幅滑落,ISE天然氣指數基金(ISE Revere Natural Gas Index)價格由140美元跌至90美元以下,但MLP相關ETFs價格卻不斷攀高。Alerian MLP指數基金、Chshing 30 MLP指數基金及S&P MPL指數基金皆大幅走揚。而Alerian MLP指數基金更自2009年1月初的188.59美元,漲至2013年12月30日的457.84美元,上漲2.42倍。

美國再工業化的契機

全球最大能源消耗國的美國，命運因為頁岩油、氣的開採而翻轉。

EIA統計，1989至2011年美國工業發電用煤的比重約從20％降至14％，天然氣占比則從39％升至56％，且天然氣價格亦因頁岩氣開採而降低，從2005年的9美元／MMBtu跌至2012～2013年的2～4美元，使國內廠商得以享有穩定且低廉的能源，更為目前美國正在推行的國內「再工業化」產業策略創造加分效果。

過去為追求廉價的勞動成本，美國製造活動大量移往中國等開發中國家，導致國內就業機會減少，間接影響金融海嘯後的失業率回降力道。未來，在考量開發中國家勞動成本上升、美國能源價格降低及運輸距離等成本面因素下，這些外流製造業，特別是化學品、鋼鐵、鋁、水泥與造紙等能源密集度高的產業，可能將逐漸回流。

同時，由於天然氣與原油本身即是肥料及其他化學品的上游原料，頁岩革命有助大幅提升美國在這類產業的價格競爭力，下游產業回國生產的誘因，也將隨之提高。

再者，在製造業未來可望陸續回流，進而加速改善美國就業情況之前，頁岩油、氣產出的快速成長，已對就業市場做出明顯貢獻。據美國勞工局統計，油氣生產相關產業的就

業人數在2005至2011年間增加53％至19.5萬人，若包含油氣
服務業，其就業人數更大幅成長73％至36.5萬人。

　　美國推動的再工業化及產業競爭力的提升，都將有助其
降低經常帳赤字，加快經濟復甦的步伐。

開採頁岩油的2點隱憂

　　開採成本以及技術限制，一直是頁岩油未能大量問世的
阻礙。

　　頁岩氣與頁岩油的共通點，在於儲油層位處低滲透率的
地層（如頁岩層、砂岩層或煤層等）。但原油的黏性遠較氣
體為高，且油的流動性及滲透率明顯較天然氣差，所以水平
鑽井的距離及網絡需要更遠，油井的密度也需要更高，而水
力壓裂所造成的孔隙也要更大才足以開採，這些都導致頁岩
油的開採成本比頁岩氣來的更高。

　　挪威國家石油公司表示，位於巴肯（Bakken）頁岩生
產的盈虧平衡點約在60美元／桶附近。若加計探勘成本及
適當的利潤，油價若沒辦法維持在80～90美元／桶以上，
頁岩油的開採將因不符成本而減緩。況且，相對於頁岩氣開
採壽命達30～40年，每一個頁岩油的開採壽命僅有3～4
年，且第1年的耗損率達65％。因此，即便頁岩油蘊藏量龐
大，但有效開採率仍不及傳統油田的1/3。

　　其次，巴肯與鷹福特頁岩層（Eagle Ford Shale）之
中，只有1％～2％是目前具有經濟價值的輕原油，綠河頁

岩層（Green River Shale）幾乎全都是重油。而重油較輕油更為黏稠，甚至近於固態，須加熱至攝氏500度以上，增加流動性後才能開採，在目前技術不足且危險性高的情況下，頁岩重油開採仍不符合經濟效益。

此外，環境汙染亦是頁岩油開採的隱憂。由於水力壓裂的過程須使用大量的水及化學物質擴大頁岩中的縫隙，隨油氣回收的水，會將地底的放射性物質與其他汙染物帶回地表。這些大量被汙染的水，若沒有經過適當處理，將會汙染環境及地下水。

同時，壓裂的過程可能導致頁岩油侵入其他岩層或地下水層，造成大量地下水汙染，且頁岩油的提煉過程需要較傳統石油消耗更多能源及產生更多二氧化碳，導致更嚴重的溫室效應。

有鑑於此，美國環境局至今仍持續對高水力壓裂法進行環境評估，若最後決定禁止高水力壓裂法，則頁岩油的開採將再陷入瓶頸。

第 5 章

且戰且走的歐元區經濟體

自2010年初希臘爆發債務危機以來，歐債危機至今仍困擾著全球經濟與金融市場。各國政治精英們已多次試圖緩解危機，包含2010年5月2日正式對希臘提供紓困、2010年5月10日成立歐洲金融穩定基金（EFSF）、2010年11月29日正式對愛爾蘭提供紓困、2011年5月18日正式對葡萄牙提供紓困、2011年12月及2012年2月歐洲央行（ECB）2次實行3年期長期再融通操作（LTRO）、2012年3月15日完成希臘債務重組並提供希臘第2輪的紓困金、預計讓歐洲穩定機制（ESM）上路。

然而，事後證明這些措施都只在緩解歐債危機的迫切問題，卻沒有處理結構性問題。如對希臘、愛爾蘭與葡萄牙的紓困，或成立EFSF與ESM都是在處理各國債務展延的困境；2次的LTRO則是為舒緩金融體系信貸擠壓問題。

但各國財政政策與金融監管差異、喪失匯率調整工具（致使成員國經常帳不平衡）、PIIGS國家（也戲稱歐豬五國，即葡萄牙、義大利、愛爾蘭、希臘與西班牙）與德國生產力差距，以及缺乏財政移轉機制等問題，卻始終沒有進行處理（見圖表5-1）。

即便2012年6月28、29日歐盟峰會達成重大進展，金融市場反應樂觀，且西班牙、義大利公債殖利率回降，但仍無法根治結構性的問題。如果歐元區各國領導人不大幅翻修共同貨幣區欠佳的機制，危機勢必會不斷重演且趨向惡化。

圖表 5-1　歐債的結構性與迫切難題

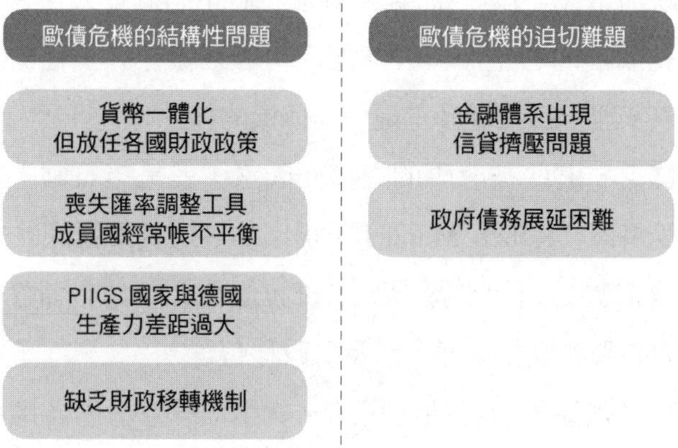

歐債危機的結構性問題

貨幣一體化
但放任各國財政政策

喪失匯率調整工具
成員國經常帳不平衡

PIIGS 國家與德國
生產力差距過大

缺乏財政移轉機制

歐債危機的迫切難題

金融體系出現
信貸擠壓問題

政府債務展延困難

資料來源：元大寶華綜合經濟研究院

歐元區一體化貨幣的矛盾

回顧2002年1月歐元正式上路的風光，實難想像10年不到，這場貨幣一體化的劃時代大劇，會帶給歐洲前所未有的主權債信風暴。

部分學者專家曾認為，歐洲各國的經濟情勢不同，不宜貿然實行共同貨幣區的機制。但有更多人認為，這條路「走得夠久了」。

然而前美國國民經濟研究局（NBER）主席費爾斯坦（Martin Feldstein）指出，歐洲達成一體化[1]的過程看似漫長，

但這些促成歐盟一體化的重大條約簽訂,卻恰恰都發生在重要國際政治事件之後[2]。而且,貨幣一體化的過程太快,且太過於遷就政治的考量而非經濟層面,導致犧牲許多經濟上的基本要求,埋下日後爆發主權債信危機的種子。

事實上,這些被忽視的經濟面因素,就是諾貝爾經濟學獎得主孟岱爾(Robert Mundell)提出的最適貨幣區條件 —— 各國經濟情勢必須相當接近、工資與價格必須具有彈性、各國勞動力必須能互相流通,以及財政移轉等。

共同貨幣區成員必須使用同一貨幣,就意味著各國央行放棄貨幣政策的權利。因此,若大部分成員國經濟表現尚可,唯有某一成員國經濟大幅衰退時,共同貨幣區的央行無法針對單獨國家實施寬鬆的貨幣政策。而歐洲各國經濟結構的差異始終無法拉近,使其難以達到經濟上的同質性。

此時,若工資與價格具有彈性,經濟衰退程度較重的國家,便可藉由調降工資或價格,以利提升競爭力,盡快擺脫經濟疲弱。

不過,當前歐洲不只工資缺乏彈性,價格也僵固,經濟衰退的成員國只好轉而寄託勞動力的互相流通,希望高失業率國家的勞工可以轉移到失業率較低的國家工作。可惜的是,歐洲國家語言及法規差異,限制了勞動自由流動。

當以上3個條件都無法達到時,最後一道救命符,便是透過財政移轉,藉由彼此間財政救援來幫助經濟衰退較為嚴重

的國家。但遺憾的是，歐洲很多國家未能達到孟岱爾所提的4
項條件前，歐元區就在極短的時間內成立，如今遭逢許多問
題，也是必然的結果。

　　持平而論，當時倡議成立歐元區的政治精英們，並非全
然忽視孟岱爾提出的條件，只是對一體化的期待太過殷切，
便天真地認為只要區內國家總體經濟數據達到某些程度的同
質性，其他差異都可於歐元區成立後，在體制內逐漸調整。
而「部分做到」的同質性要求，也明定在1992年的馬斯垂克
條約，一般稱這些要求為馬斯垂克準則（Maastricht criteria）
或趨同準則（convergence criteria）。

趨同準則反讓成員國更加歧異

　　趨同準則主要是規定欲加入歐元區的國家，必須先滿足
通貨膨脹、公共財政、匯率及長期利率等4個準則。

---

1. 歐洲一體化起源於60年前，當時催生者莫內（Jean Monnet）認為，歐洲會
　深陷於20世紀的兩次世界大戰，是因為各國在過去200年來的工業化發展
　中，為了爭取有限的資源而不斷發動戰爭。因此，他認為唯有讓各國共同
　和平的享有這些資源，才能避免戰爭發生。這樣的理念促使之後一些共同
　條約的簽訂。
2. 1990年柏林圍牆倒塌，東歐逐漸融入西歐國家，為確保西歐國家勢力的穩
　固，2年後即簽訂了馬斯垂克條約（Treaty of Maastricht），進而創立歐元。

- 加入國的通貨膨脹率，不得超過成員國通貨膨脹率最低的3國平均值之1.5％，且財政赤字及政府債務占GDP比，分別不得超過3％及60％。
- 加入國必須加入匯率機制（ERM II）2年，且該國對歐元匯率波動不得超過上下15％，以及長期利率不得超過成員國利率最低的3國平均之2％。

　　為確保成員國的同質性不致偏離，在歐元區的原始設計上，還有相關機制讓成員國得以維繫在這些標準值上，例如ECB可藉由調控貨幣供給，讓各國通貨膨脹率不至於偏離目標；1997年上路的穩定與成長協定（Stability and Growth Pact，SGP）則約束成員國財政政策的道德風險，違反規定的會員國將受到警告，甚至處以巨額罰款。

　　然而，經過數年的運作後發現，當時認為可行的內部約束機制實難達到目的，導致違反準則的成員國逐漸增多，且違反程度在金融海嘯後更加嚴重（見圖表5-2）。

體質有別，導致約束力道不均

　　如今看來，歐元區內部約束力量之所以無法發揮預期效果的主因有二。

　　就通貨膨脹而言，貨幣政策雖然是約束一國通膨的良好

%	法定標準	2006 年	法定標準	2011 年
通貨膨脹	2.9 (1.4)	希臘、盧森堡、葡萄牙、西班牙、[愛沙尼亞、斯洛伐克]	3.1 (1.6)	愛沙尼亞、芬蘭、希臘、盧森堡、葡萄牙、斯洛伐克、西班牙
財政赤字	3	希臘、義大利、葡萄牙、[斯洛伐克]	3	比利時、塞普勒斯、法國、希臘、義大利、荷蘭、葡萄牙、斯洛伐克、斯洛維尼亞、西班牙
政府債務	60	奧地利、比利時、塞普勒斯、法國、德國、希臘、義大利、馬爾他、葡萄牙	60	奧地利、比利時、塞普勒斯、法國、德國、希臘、愛爾蘭、義大利、馬爾他、荷蘭、葡萄牙、西班牙
長期利率	5.76 (3.76)	--	4.35 (2.35)	比利時、希臘、愛爾蘭、義大利、荷蘭、葡萄牙、斯洛伐克、西班牙

圖表 5-2　違反勢同準則的國家

註：“（）”內數字為 3 個基準國平均，“[]”內國家表 2006 年尚未加入歐元區，2008 年以後加入。

資料來源：Eurostat、Bloomberg

工具，但各國經濟體質有別，使其對貨幣政策的反應不同，進而讓通膨出現差異。此外，金融海嘯後，各國以提高規費及稅率方式進行節約措施，但施行程度不同，更加大各國通膨差異化。

其次，當初希望透過SGP約束各國財政差異，豈料在歐元區成立之初，全球便迎來網路泡沫危機。當時德國與法國為挽救疲弱的經濟，大幅增加政府支出，使法國財政赤字占GDP比連續3年超過3％，2003年時更高達4.1％，而德國自2002年起財政赤字占GDP比，更是連續4年維持在3％以上。在政治的妥協下，SGP規範於2005年明顯放寬，約束力也大

打折扣。

此外，趨同準則雖然部分解決孟岱爾最適貨幣區的同質化要求，卻沒有處理各國市場結構及就業市場條件的差異性，導致歐元上路後，PIIGS與德國的單位勞動成本差距愈來愈大。2000～2010年，德國單位勞動成本僅增加18.6％，遠低於PIIGS國家的41.1％。

同時，在各國競爭力不同，卻共用一種貨幣的情況下，部分國家貿易條件相對占優勢，部分國家卻始終為貿易逆差國，逐漸引發共同貨幣區內貿易失衡的情況。

例如2002年起德國經常帳收支占GDP比即轉為正值，2011年高達5.74％，但PIIGS國家加入歐元區後，經常帳赤字問題便日趨嚴重，至2008年達到高峰。之後，雖因國內需求疲弱，讓經常帳赤字占GDP比回降，但2011年希臘占比仍達9.67％，其次則分別為葡萄牙（6.42％）、西班牙（3.71）、義大利（3.19％）及愛爾蘭（0.08％）。

貨幣政策的工具受限

由於各國使用共通的貨幣，使成員國無法藉由貨幣貶值來改善出口及解決貿易逆差問題，而龐大的貿易逆差也成為GDP的淨漏損。為了提升經濟成長率，PIIGS國家也僅能靠擴大政府支出來維持，但此舉又不利貿易收支，形成惡性循

環，終致PIIGS各國於金融海嘯後，因財政赤字占GDP比偏高、政府債務明顯膨脹而引發債務危機。況且，持續性的經常帳赤字，意味著PIIGS國家必須每年舉借外債來支撐經濟，不只使政府債務膨脹，民間債務也相應增加。

以西班牙與義大利為例，2000年兩國民間債務占GDP比僅分別為126％及187％，但2010年時卻膨脹至181％及283％（見圖表5-3）。於是，當這些國家爆發主權債信危機、經濟陷入衰退之際，銀行壞帳也相應升高，讓各界擔心其金融體系是否會產生新一波的危機。

在歐元區成立後的10年間，由於國際投資人不認為歐元區會解體，使PIIGS國家可用低廉的成本，向民間金融市場籌資；但在歐債危機爆發後，市場開始對歐元區存續感到懷疑，對PIIGS國家的金融資產需求跟著降低。又由於這些國家的就業市場及國際收支都嚴重失衡，因而存在持續的資金需求。所以，當民間投資人不願意再持有PIIGS國家的金融資產後，它們只能轉向紓困一途。

縱使債信問題爆發後，歐盟便對PIIGS國家展開紓困，但每次紓困都伴隨著相關國家的政治動盪，讓市場愈來愈感到擔憂。因此，在PIIGS國家有能力以具彈性的勞動市場，扭轉其與區內核心國家競爭力的差距之前，若無法建立永久性的財政移轉，重建民間投資人信心，擾動只會一而再、再而三的出現。

圖表 5-3 | 德、法、義、西政府債務與民間債務／GDP比

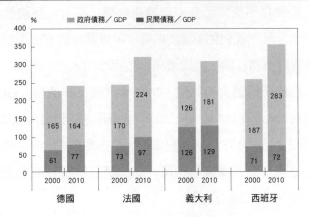

資料來源：BIS

2012歐債重大進展

有鑑於自2010年5月起，歐盟對PIIGS國家的援助方案，都只是救急的止血劑，而非根治結構性問題的良藥。因此，歐盟於2012年6月28～29日舉行的高峰會中，達成5點重要決策，包括由ECB作共同銀行監管主管機關、ESM直接注資銀行、EFSF/ESM得在一級與二級市場買債、放棄西班牙貸款的優先償債權，以及1,200億歐元的成長協議（Growth Pact）等。

放寬購債與償債方式

EFSF/ESM得在一級與二級市場買債與放棄西班牙貸款的優先償債權等2項決策仍延續過去思惟，亦即處理政府展延債務困難的問題。

前者可以壓低PIIGS國家債券殖利率，但債務沉重負擔國家需主動提出申請，並接受三方集團（EU、IMF、ECB）監管。如此嚴格的條件，使這些國家未必願意適時提出申請；後者雖可提高民間債權人持有西班牙公債意願，避免西班牙政府陷入全面性的財政紓困，但僅止於西班牙，無法處理目前已經接受紓困的希臘、愛爾蘭及葡萄牙問題，亦即在可預見的未來，民間債權人對這3國的債券仍然避之猶恐不及。

由ECB擔任共同銀行監管主管機關

由ECB作為共同銀行監管主管機關，可避免因各國監管鬆緊不同而造成一國銀行出現系統性風險。若同時搭配2012年3月歐盟所通過、2013年1月1日生效的「歐洲財政協議」（European Fiscal Compact），就可處理共同貨幣區貨幣一體化，但各國財政政策與金融監管卻有差異的結構性問題。

不過，此次峰會決議雖讓ECB擔任共同銀行監管主管機關，卻未提出共同存款保險機制，使PIIGS國家存款外流問題仍舊存在。

ESM直接注資銀行

對歐元區而言，ESM直接注資銀行略具財政移轉的特性，確實是解決PIIGS問題所迫切需要的藥方。

畢竟，現行體制不只容易引發主權債務問題，也會因持續的經常帳赤字，造成民間債務明顯膨脹，並隨著經濟衰退，使過度累積的債務轉成巨額壞帳，進而引發銀行危機。PIIGS國家於金融海嘯後，壞帳偏高且資本適足率偏低，即是例證。

當PIIGS國家金融業出現資本適足率不足時，反而會因緊縮銀根加劇其經濟衰退，造成國家稅收減少，惡化主權債務。因此，這些國家銀行業亟需接受注資，並重建正常的信貸管道。

特別是由ESM直接注資銀行，可避免由政府注資銀行而造成債務膨脹，形成主權債務危機與銀行危機交互作用的惡性循環。

然而，ESM直接注資銀行並非白吃的午餐，也是有條件性的。同時，未讓ESM取得銀行執照，也使其仍無法向ECB借款，在紓困各國且直接買入PIIGS國家債券後，能剩下多少可用資金，讓人擔憂。

1,200億歐元成長協議

從過去經驗可知，太過強調節約措施，只會造成各國經濟衰退加劇以及政治動盪。因此，解決主權債務危機不能不考慮經濟成長。但是具備財政移轉特性的成長協議，規模僅達1,200億歐元，不及歐元區GDP之1％，能夠發揮多大作用值得懷疑。

歐債危機爆發後，歐元區側重處理迫切性難題的策略，並無可議之處，畢竟當時的債信危機主要局限在希臘、葡萄牙及愛爾蘭等經濟規模不大的國家。

但2011年下半年起，ECB的泛歐即時自動總額清算快速轉帳系統[3]（Target II）便出現資金明顯撤離西班牙與義大利的現象，顯見這兩大國也受到債信風暴波及。

為避免歐債危機進一步擴大，2012年6月的歐盟高峰會遂決議，增納由ECB作共同銀行監管主管機關等方案。只是，高峰會沒有討論財政聯盟議題，使財政協議無法發揮應有功能，而對歐元債券、建置具彈性的勞動市場等議題亦未著墨，短期內歐債危機的結構性問題仍然無法根治。

---

3. Target II為泛歐即時自動總額清算快速轉帳系統，係歐元區各國央行交易結算機制。當一國面臨資金外流時，該國央行Target II帳戶即會登入負債，而流入國帳戶即會登入債權。

延燒全球的歐債問題

對於全球經濟而言，歐債危機的後續發展依然是不容小
覷的下行風險，其影響層面可以簡化為3個以I為開頭的英
文字：indebtness（債台高築）、insolvency（債務不履行威
脅），以及illiquidity（流動性不足）（見圖表5-4）。

目前主要預測機構及市場比較確信的是，在各國債台高
築的情況下，歐元區國家勢必會推出嚴苛的財政節約措施，
導致歐洲經濟成長動能被削弱，並抑制全球經濟成長。

債務不履行威脅

除了債台高築，這些國家競爭力又偏低，讓市場對其償
債能力存有疑慮。當市場不願意持有PIIGS國家公債，公債展
延將發生困難，並引發債務重組的擔憂，不但加大公債殖利
率飆高的程度，而使價格重挫，更會擴大市場信貸擠壓的程
度，對經濟形成威脅。

流動性不足

更因為主權債是金融機構相當重要的持有資產，其價格
下滑將弱化金融機構資產品質，使金融體系資本適足率欠

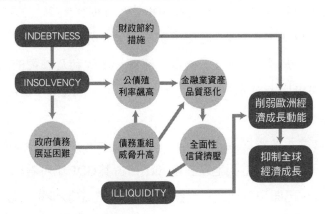

圖表 5-4　歐債危機影響全球經濟路徑

資料來源：元大寶華綜合經濟研究院

佳，形成流動性不足，讓金融體系不得不回收並減少企業放款與投資。

在銀行雨天收傘的情況下，當企業因信貸擠壓、資金不足時，即可能爆發財務危機，甚至必須重整清算，衝擊歐元區經濟成長動能，進而弱化全球經濟。

如此環環相扣，問題當然不易解決。且由於市場流動性不足，難以精確衡量，問題一旦爆發，多半會直接演變為銀行危機。身為金融中介機構的銀行，也是經濟體系重要的潤滑劑，若其喪失中介機能，勢必會造成經濟嚴重衰退。

根據OECD的預測，2012～2013年歐元區國家將力行相

當嚴苛的財政節約措施。其中，葡萄牙、希臘、義大利、愛爾蘭及西班牙財政節約規模占GDP比，分別為5.7％、5.6％、5.4％、4.0％及3.8％。而債信狀況相對良好的核心國家，亦難避免。法國、比利時、荷蘭、芬蘭、奧地利及德國節約規模占GDP比，分別為3.6％、1.9％、1.3％、1.1％、0.7％及0.7％。

當歐元區經濟陷入衰退時，其將透過貿易管道影響全球經濟。而從全球主要地區對歐洲出口占其GDP比可看出，新興歐洲、已開發歐洲及獨立國協（CIS）出口倚賴歐洲程度最高（見圖表5-5）。若歐債危機演變成銀行危機，那些依賴歐元區銀行資金的經濟體將受到較大的衝擊，而且新興歐洲最為嚴重。

此外，銀行危機還會影響全球經濟成長。IMF於2012年4月發布報告評估，若2011年11月信貸趨緊情況從2012年4月開始持續2年，將會造成歐元區、日本、美國經濟成長分別減弱3.45％、1.80％及1.39％。而新興亞洲與拉丁美洲受創較小，經濟成長僅會分別減低1.19％和0.63％。

為何復甦僅曇花一現？

由於西班牙與義大利的經濟規模相對龐大，若債信崩

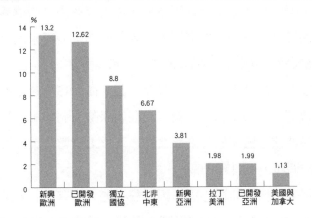

圖表 5-5　主要地區對歐洲出口／GDP比

資料來源：IMF（2012/4）

解，歐盟恐將無法提供足夠的救援。因此當兩國公債殖利率
節節升高、國際間對歐元區可能解體的臆測傳得滿城風雨之
時，ECB總裁德拉吉（Mario Draghi）於2012年7月23日宣
布，ECB將盡一切可能讓歐元區不會解體，並於同年9月推
出「直接貨幣性交易」（OMTs），為市場打了一劑強心針，亦
使放空非核心國家債券的避險基金，被迫大量回補其空頭部
位，債券殖利率因而明顯回降。

　　以西班牙與義大利10年期公債殖利率為例，其於2012年
7月24日分別升至7.621％及6.597％後，便因ECB的強烈宣
示，獲得喘息空間，在未提出紓困的情況下，殖利率便於9月

13日分別降至5.63％與5.001％。市場也漸漸認為這些政府不至於倒帳，歐元區解體機率降低，加上這些國家的債券殖利率仍明顯高於其他已開發國家，因此吸引更多尋求高收益率的買盤進入，引發信心回升的正向循環。

接著，2012年12月歐盟峰會決議，從2013年起推動單一監管機制、共同重組基金與單一存款保險機制的銀行聯盟架構，讓非核心國家銀行業存款外逃及ECB貨幣政策傳導機制不順的問題，得到部分解決。

隨著市場對非核心國家銀行體系愈來愈有信心，2013年1月起銀行陸續在公開市場順利發債，也讓歐元區銀行業透過主要再融資操作（MROs）與長期再融資操作（LTRO）機制，向ECB申借的款項，從2012年9月的1.2兆歐元下滑到2013年1月的1.1兆歐元。

情勢的發展，讓市場開始猜測，歐債危機是否正悄悄地消退？

這份期待，在半年後終於見到曙光。2013年7月歐元區採購經理人指數（PMI）突破睽違已久的50分界點，8、9月數值更進一步上升，第2季經濟成長季增率達0.3％，不但是2011年年中後，首度由負翻正，且表現超乎預期，讓人確確實實的看到歐元區實體經濟成長動能。再加上，歐債問題漸趨平靜及ECB的寬鬆貨幣政策承諾加持，促使金融市場信心也明顯回升到2010年以來高點。

內需持續不振

然而，此時的經濟成長季增率，相比金融海嘯前後的
0.6％與0.4％，力道仍顯疲弱。因為當前的復甦動能大多來自
外需增長的貢獻，內需的投資與消費在資金供給不足下，尚
無起色。工業生產與零售銷售狀況也依然處於金融海嘯後的
低點，不僅是呼應不斷下滑的貨幣供給年增率，亦可解釋何
以失業率仍續處歷史高點。

自1992年馬斯垂克條約簽訂後，近20年來歐元區各國經
濟成長來源主要仰賴消費、投資與政府支出等內需因子。但
2010年歐債問題爆發後，金融市場不確定性大增所引發的授
信緊縮，讓投資首先受害。

2011年歐債問題再度惡化，各國只好簽訂財政協議，
嚴格限制政府預算，但奉行財政紀律的結果，又使政府支出
大幅縮減。從投資縮減、企業產能大降、失業率節節攀升，
再到政府刪減預算，社福支出大減，一連串的效應使所得降
低，消費動能自然疲弱不堪。

自2009年第1季後，出口便成為歐元區經濟的主要成長
來源[4]，且2012年起的商品與服務淨出口，更持續為歐元區帶
來資金淨流入。可惜的是，這些流入的資金並未轉成投資動
能。2008年以來，歐元區的外國直接淨投資便持續減少，證
券投資亦自2013年7月開始隨著美國QE3減碼預期浮現而降

低，顯示資金再度流往海外。

除了從國際收支帳觀察外，投資低迷的情況亦可從貨幣供給的變動趨勢中，略知一二。

金融海嘯後，象徵歐元區投資動能的M3貨幣供給成長從未恢復至海嘯前水準，而2012年ECB推出的LTRO與OMTs雖產生些許激勵效果，但到同年9月後，M3的增速便不斷放緩。其中，金融機構對私人部門的信用貸款呈現負成長、與民間投資直接相關的企業貸款快速萎縮，購屋貸款也陷入停滯狀態。

即使2013年9月，歐元區消費者信心來到2年來高點，但相比2005年景氣擴張時期及2009年後金融復甦時期，仍顯相對低迷；零售銷售水準值則在8年來的低點附近徘徊，始終未能回到金融海嘯前的高點，更遑論歐債風暴發生3年多後，失業率依舊處於12.1％的歷史高點，讓這一波的經濟復甦，也僅僅「只是曙光」。

歐債危機出現質變

2012年歐元區的政治騷動[5]，是被援國的垂死掙扎。各國人民向歐盟吶喊絕望、傾訴憤怒，但歐盟卻不惜以歐元區解體為代價來解決紛爭。迫於現實，歐盟境內被救援國的反對

聲浪終被壓制。

到了2013年，過去的矛盾靉時彷彿不復存在，3年來的紛擾也轉瞬間不見蹤影。頗受各國爭議的財政規範與結構改革，似乎朝向正面發展，如財政赤字降低，經常帳餘額轉虧為盈；而ECB從2011年開始推動的一系列貨幣政策，也取得相當的成果。除4度降息外，ECB尚2度推出3年期LTRO，並施行OMTs。

由於ECB的努力，歐元區金融體系風險得到有效控制，PIIGS諸國的銀行營運壓力也漸減輕。過去逃往國外的資金開始回流，不但有效緩解金融體系的流動性匱乏問題，也明顯改善銀行的資產結構。即便2013年3月義大利政治僵局與賽普勒斯紓困案，以及7月起希臘與葡萄牙的財政問題，造成歐債問題再度升溫，但金融市場皆未對此產生太多的恐慌反應。

金融面指標顯示，截至2013年6月底為止，不只各國公債殖利率降至3年來低點，Euribor-OIS利差也滑落到金融海嘯後新低，歐元區的債信風險與流動性風險似已大幅降低。

4. 2013年第2季淨出口貢獻度為0.2個百分點，占總成長2/3，其中約有一半是由德國所貢獻。另一方面，德國經濟規模雖僅占歐元區27%，但對2013年第2季歐元區0.3%的成長率貢獻了0.2個百分點，代表當前復甦動能主要來自德國，歐元區經濟仍是德國獨強，其餘國家仍待努力。

5. 多位歐元區領導人在2012年因處理歐債問題而下台，例如國會反對財政撙節措施而於3月辭職的葡萄牙總理蘇格拉底（Jose Socrates）、主張將紓困案交付全民公投，引起朝野反彈而於11月下台的希臘總理巴本德里歐（George Papandreou）……等。

正面解決歐債本源：各國競爭力差異

表面上的平靜，不代表歐債問題已獲解決。

雖然歐元區各國有效地藉由刪減退休金與社會福利支出，避免立即性的財政風險，但區內銀行業卻認為這些措施導致各國經濟前景不明，而不得不緊縮民間授信。如此一來，個人與企業勢必難以取得資金融通，消費與投資動能也將繼續受到抑制，進而使歐元區經濟喪失成長動能，形成惡性循環。

惡性循環讓歐元區各國再次體認到彼此競爭力的差異，才是歐債問題本源。一味地防堵危機擴散，只會促使壓力透過其他管道宣洩。

因此，歐盟與ECB開始著手修改政策方向，「銀行聯盟」（Banking Union）便應運而生。期待藉由銀行聯盟中的單一監管機制（SSM）、單一重組機制（SRM）及存款保險機制（DGS），讓歐盟從各國政府手中取得金融監理權力與存保責任，以便集眾人之力處理金融市場中的國家競爭力問題。

遺憾的是，無論從2012年底提出的單一監管機制架構，或2013年6月推出的單一重組機制草案[6]，兩項金融管理草案尚為各國留下許多自由裁量的空間，歐盟不但無法貫徹金融監理權力集中管理，也無法避免個別國家問題影響金融體系。強者恆強、弱者恆弱的狀況依舊。

那麼透過ECB貨幣政策解決歐元區金融體質差異的結構性問題，是否有望？

對此，ECB總裁德拉吉曾表示，歐元區的困境是信貸流通不順，而非資金供給不足。因此，若區內信貸供給與需求可藉由其他管道達成供需平衡，當前萎靡的經濟情勢自可迎刃而解，而發展健全的資產抵押證券（ABS）市場，可能是打破僵局的方法。

有了ABS市場後，信用需求方可從供給方取得資金，無需完全仰賴銀行，創造出另一條有別於傳統的信用流通管道。不過，德拉吉亦指出，過去歐元區ABS市場交易並不活絡，主要是礙於各國資產評價困難，加上金融監理方式相異，讓國別效應對金融體系的影響依然存在。

ECB淪為配角

再者，目前看似有助解危的機制，效果仍然有限。

以OMTs為例，雖然ECB透過OMTs可無上限買入被干預國的短天期債券，直到這些國家公債殖利率降至基本面應有

---

6. 歐洲議會與歐盟財長於2014年3月20日進行SRM相關協商，並就部分條文達成5點重要共識，使部分草案條文內容得到強化。不過，除非SSM能在風險萌芽時就發揮作用，否則現行的SRM機制仍不足以面對歐元區任何一國金融體系的瓦解。

的水準為止，且ECB將放棄優先償債權。

但OMTs與ECB在2010年推出的證券市場計畫（SMP）及2011年推出的LTRO不同之處，在於它是一個被動式工具，只要受危機威脅的國家不提出申請，ECB就不會動用它。而西、義兩國為維護國家尊嚴，仍抗拒申請OMTs，因此它是否能持續發揮強大效益仍有變數。

況且，有別於以往SMP與LTRO推行條件可由ECB主觀認定，只有符合「EFSF/ESM財政救援條件」的國家，方有可能獲得OMTs資金的挹注。這意味在未來救援過程中，ECB將僅是配角，掌握財政決策發球權的歐盟才是主角，尤其是政經實力最強大的德國，更是關鍵。

2013年9月12日，德國憲法法庭的判決雖然同意ESM的設立，但卻表示ESM的重大決議必須得到德國議會同意，亦即從出事國申請紓困或干預到EFSF/ESM或ECB展開救援行動，還需經過一連串冗長的議事程序。

歐盟內的不穩定均衡

此外，若歐債危機再度惡化，期待政治精英快速行動可能不切實際。例如，總對紓困案躊躇多時的德國與將有大筆債務到期的義大利。

2013年9月的德國大選由基督聯盟（CDU/CSU）獲勝，

在總共630個國會席次中取得311席。在歐債問題上，基督聯盟一直反對救援出現債信問題的其他歐元區國家，認為過去進行的紓困乃迫不得已，在於確保歐元區穩定，藉此維護德國利益。由於德國是EFSF、ESM與ECB的最大股東，使基督聯盟的勝選，代表當前歐盟嚴格的財政節約方向尚難改變。

至於，將在2014年底，約有2,860億歐元債務（占該國GDP比17％）到期的義大利，雖然其經濟已露復甦跡象，PMI也回到50分界點之上，但義大利在短短一年內，先後更換了2位總理，顯見國家的政治擾動不小，且於2014年2月22日宣誓就職的新任總理倫齊（Matteo Renzi），是否如實奉行財政撙節及將義大利帶往所謂的改革之路，亦有待觀察[7]。

---

7. 義大利當前內閣，由左派的民主黨（PD）與右派的自由人民黨（PDL）組成。由於PDL精神領袖，也是前總理貝魯斯科尼（Silvio Berlusconi）因逃漏稅於2013年8月遭法院起訴，亦被義大利國會褫奪其議員資格，該黨遂退出聯合政府，致內閣瀕臨解散危機。民主黨議員萊塔（Enrico Letta）接任總理，並於10月2日順利說服PDL，並成功通過信任案投票，暫時緩解政治危機。之後，萊塔又被以改革力道遲緩為由，遭39歲的同黨議員倫齊逼宮而辭職。

歐元區通縮是「好」的通縮？

2013年10月，歐元區通膨走低現象，再度反應沉痾已久的歐債問題。

從2013年2月起，歐元區消費者物價調和指數（HICP）年增率連續9個月低於ECB的2%通膨目標且趨勢向下，尤其10月HICP年增率更僅0.7%，創下2009年11月以來最低。

在認知到通貨緊縮（deflation）風險下，ECB於11月7日立即以降息1碼至0.25%回應。各界因而開始擔心，甫於2013年第2季擺脫連續6季經濟衰退的歐元區，是否將面臨通縮威脅，進而打擊經濟復甦的幼苗，若通縮問題持續惡化，將可能喚醒已經平靜一年之久的歐債危機。

不過，檢視歐元區各國數據發現，通貨膨脹率走低並非普遍性的現象，僅有PIIGS與塞普勒斯等邊陲國家的物價膨脹率明顯偏低，甚至陷入通縮，而芬蘭與主要核心國家德國則維持溫和通膨。

2012年11月至2013年10月，芬蘭與德國的平均物價上漲率為2.5%及1.7%，遠高於接受歐盟紓困的希臘（-0.4%）、愛爾蘭（0.7%）、葡萄牙（0.8%）及塞普勒斯（0.8%）。因此，以德國經濟學家為主的許多觀察家表示，歐元區的通貨緊縮是債信危機的必然現象，甚至有助於解決歐債危機，因此將其視為「好的」通貨緊縮。

「內生貶值」無助於減輕外債

這些觀察家認為，歐元區邊陲國家陷入債信危機的主因，在於其與核心國家間的競爭力差距持續擴大，造成區內成員國間出現嚴重的失衡，亦即核心國家持續出現經常帳順差，但邊陲國家的經常帳逆差卻持續擴大。

若要解決此問題，較慣常的方式是訴諸匯率貶值，重新提振競爭力。但對邊陲國家而言，其國際收支失衡的主要對象為共用歐元的德國，因此匯率貶值無濟於事。

既然如此，透過核心國家持續維持溫和通貨膨脹，而邊陲國家保持偏低的通貨膨脹，甚至通貨緊縮，進而改變兩邊的相對價格，也可形成類如邊陲國家匯率貶值的效果（即「內生貶值」），拉近核心與邊陲國家間競爭力的差距。

乍看之下，這樣的論點言之成理，但它忽略歐元區除了存在各國間競爭力差距過大的問題外，尚需面對失衡情況過久所造成邊陲國家累積過多外債的難題。

因為，即便ECB已將目標利率降至歷史低檔，但通貨緊縮不只使邊陲國家的實質債務膨脹，亦提高其實質利率，有害經濟成長，進而影響經濟與金融市場的穩定，反而不利解決歐債危機。而且，「內生貶值」的調整過程應避免讓邊陲國家陷入通縮。

所以，比較恰當的做法應是ECB透過更強烈的寬鬆貨

幣政策,一方面引導邊陲國家產生持續性的溫和通貨膨脹,另一方面讓核心國家在認可的期間內,允許通貨膨脹率超過ECB訂定的2%上限。

如此一來,溫和的通貨膨脹將會讓邊陲國家實質債務趨勢縮減,且實質利率也會下滑,以緩和經濟在去槓桿過程中,所遭受到的負面衝擊。此外,寬鬆貨幣政策還可刺激核心國家的內需,擴大對邊陲國家的進口,既可提振邊陲國家不足的需求,也能縮減歐元區成員國間經常帳的失衡,可謂一舉兩得。

ECB為何對通縮無動於衷?

意外的是,2014年1、2月的2次貨幣政策會期中,ECB卻表明歐元區並不存在通縮威脅,且預期歐元區物價將持續穩定,讓金融市場大失所望。

這2次ECB貨幣政策會議之所以趨於保守,主要是歐元區的物價變動有多重因素牽扯其中。

一是自2013年年初以來,製造業原料成本趨勢下降,生產者物價更轉為緊縮,反映原料成本的下滑;二是各國近年來厲行的勞動市場改革(如減少工資稅),使得勞動成本降低,更進一步反映到服務類價格上;三是隨著各國逐漸將國

營企業私有化，政府管制價格急遽下滑；四是市場需求仍然疲弱，導致廠商商品與服務議價能力降低，在大推促銷折扣之下，造成物價平抑。

這4大因素交互作用的唯一結果，便是物價下滑，但從ECB角度來看，四者的經濟涵義卻截然不同。

首先，目前國際糧油價格下滑，對以第二級工業與第三級服務業為主的歐元區各國經濟而言，不但不會傷害企業獲利，反而有助於降低企業營運成本；其次，歐元區各國在過量財政赤字程序（EDP）及財政協議的約束下，逐漸調降社會福利轉移金額，使企業勞動成本中的社會福利貢獻成本降低，不只讓勞動市場更加自由化，亦間接降低企業勞動力成本；第三、政府降低物價干預，同樣促使市場自由化，讓資源使用更具效率。

換言之，這些價格變動因素，實乃經濟結構調整所致，對歐元區體質具有正向意義，也是當前歐元區解決經濟疲態的必經之途。

不過，倘若導致物價降溫的原因並非前3者，而是需求降溫，ECB就必須積極面對。

需求降溫不只會讓廠商調降物價，還會裁減勞力需求並調降工資，使得工薪家庭的可支配所得下滑，實質購買力非但不會受惠於物價的下滑，更由於債務不因物價下跌而減少，讓工薪家庭的實質債務負擔明顯膨脹，進一步造成需求

減弱，形成惡性循環。

　　況且，當前的歐元區不只面臨物價下滑，還存在工資減少、失業率創下新高等現象，縱使物價下滑有可能是來自前述3項的正面因子，但需求疲弱的引力也不容忽視。因此，在菲利普曲線（Phillips Curve）描述之失業率與物價抵換關係成立的情況下，ECB實有動機推動更寬鬆的貨幣政策，以抵抗經濟陷入惡性循環。

　　然而，就技術上而言，ECB難以衡量上述4項造成物價下滑因素的影響程度，也無法判斷當寬鬆貨幣政策施行後，是否可扼止景氣負向循環，亦遑論這4項物價變動因素，在不同國家的作用各異。

因素不明、成效有待商榷

　　以調整社福成本為例，德國早在2005年便調整勞動結構，因此近3年的勞動成本降低，所引發的物價滑落現象並不明顯。但對仍如火如荼進行結構改革的義大利與西班牙而言，物價下滑效應卻在2013年下半年逐漸顯露。

　　因此，即便ECB希望透過寬鬆貨幣政策，正面對抗景氣負向循環，但在共同貨幣區的架構下，最後可能造成以其他國家通膨的代價，來挽救部分國家的經濟。此舉無異於挖東牆補西牆，也迫使ECB縮手不前。

　　另一方面，目前ECB的利率已走到降無可降的境地，若欲進一步降息，將會面臨負利率的情況。觀察2012年丹麥央行施行負利率政策的歷史經驗，負利率促使國內資金外移，反而誘使銀行在追求獲利的前提下，調升貸款利率，此舉又和刺激信用流通的目標背道而馳。

　　這個事件證明，若一國央行無法有效控管資金流向，施行負利率這等寬鬆貨幣政策的結果，必然無法預期。因此，ECB考量寬鬆貨幣政策時，不可不慎。

　　在成因複雜的情況下，即使目前歐元區浮現物價緊縮跡象，但未來物價的表現，恐怕有如醉漢漫步，難有明確的軌跡可尋。對ECB來說，在經濟初露復甦跡象、貨幣政策效果與物價走勢皆難以確定的情況下，各官員對未來政策的方向仍然舉棋不定。

走出煙花榮景的歐元區經濟

　　2013年歐元區的經濟擴張動能，只見外需的孤單身影；各會員國中僅有德國、愛爾蘭擺脫疲態，其餘國家依舊在衰退區間中苦苦掙扎。歐元區各國經濟成長呈現快慢有別的情況，彷彿暗示推行2年之久的結構改革毫無成效，外需成長動能分配不均。

尤其是當2013年9月美國財政僵局惡化、聯邦政府10月1日起關門16天，導致美國經濟放緩時，外需成長動能來源受阻的歐元區，立即受到影響。同年第3季歐元區經濟成長季增率由0.3％放緩至0.0％，讓市場更認定歐元區的經濟成長依舊充滿不確定。更遑論2014年初美國經濟受異常天候衝擊及消費進入淡季後，歐元區產業活動概況均轉為停滯。

就在市場對歐元區經濟數字好轉的無感度，即將轉為麻痺的時刻，徘徊於停滯邊緣的採購經理人服務業指數加速擴張，服務業信心也相應揚升，遲來的內需動能不但接替外需成為歐元區經濟成長主力，也浮現出經濟的正向循環。

當前的經濟復甦是否仍是重演短暫的煙花榮景？若細究2010年至今的幾次復甦情況，不難發現當前的歐元區經濟已然有重生之勢。

曙光1：各國財政收支趨於平衡

回顧金融海嘯時期，各國透過大量財政支出刺激經濟回溫，高漲的財政赤字直接惡化各國債信，導致歐元區經濟在2011年開始走向衰退。但深切體認到政府債信之憂、財政赤字之痛的歐元區各國，近年來恪遵穩定暨成長公約（Stability and Growth Pact），讓政府支出長期維持對經濟成長零貢獻。多數歐元區國家2014年的財政赤字占GDP比均在1.0％上下，

部分國家甚至有財政盈餘。而主權債信問題核心國的愛爾蘭、葡萄牙，在基本面改善下，選擇退出歐盟紓困案也未引起市場擾動，使債信再度惡化的風險大幅降低。

曙光2：自發性成長動能浮現

歐元區於2010、2012年的經濟復甦，可謂全賴政府激勵措施支撐，使激勵效果一消退，經濟就因缺乏自發動能而轉呈衰退。然而，目前歐元區政府政策著重於結構調整，而非短期振興，且當前經濟復甦主要來自於自發性動能，出現消費、投資及出口共同形成的正向循環，因此經濟再度衰退的可能性變低。

曙光3：各國經常帳收支開始趨近平衡

過去，多數歐元區國家具有龐大的經常帳逆差，因而演變為債信問題擴散的絕佳管道。

即使自2010年以來，只有合計占歐元區GDP比例約6％的希臘、葡萄牙、愛爾蘭發生債信違約風險，但由於3國具有大量外債，債信違約風險透過外債影響境外金融機構，最終蔓延至歐元區全境。

如今，透過SMP、債券減記、公債回購及歐盟紓困案的

調節，3國的民間流通債務大幅減少，僅餘ECB、IMF、歐盟
為政府公債主要持有人，使債信違約風險即便再度發生，擴
散管道也十分有限。

曙光4：債信問題應對方案標準化

經過近4年來的危機處理，歐盟吸取過去經驗，成立了
ESM及銀行聯盟，將危機應對措施標準化、制度化，讓歐盟
面對危機時不會再猶豫不決。當各項政策陸續到位，不確定
性即大幅降低，不易重蹈倉皇無措的慘痛經驗。

儘管歐元區目前的經濟成長仍相對緩慢，但在歐盟消除
結構風險及降低政策不確定性的努力下，其經濟體質已大不
相同。

而各國間競爭力差距、貨幣傳導機制失靈的結構性難題
等長期宿疾要完全治癒，也需一段時間，不能寄望經濟就此
重回2008年以前的榮景。偏高的失業率及相對疲弱的內需市
場，在可預見的未來仍是常態。所幸，引發債信危機的結構
性問題，已獲得緩解，加上歐盟當局應對債信危機的方向相
當正確，讓經濟緩慢成長即使是常態，但下行風險已比過去
幾年明顯為低。

相較之下，目前歐元區經濟緩慢復甦的趨勢能否持續，

反而取決於區域之外。

　　由於歐盟能源仰賴俄羅斯甚深，隨著克里米里公投結果帶動歐美與俄羅斯間的衝突升溫，以及美國天然氣仍然鞭長莫及的情況下，地緣政治擾動恐將影響能源供給，也為歐元區經濟成長帶來不確定性。

　　歐元區要真正走出歐債危機的陰霾，且逐漸邁向貨幣一體化的理想境地，仍需透過高度的跨國合作，進行財政及貨幣政策機制的整合。此舉勢必會牽動各國敏感的政治神經，因此如何在維持一體化所需的機能，又不觸發各國矛盾的先決條件下，提出最佳可行的解決方案，依然考驗著歐洲政治精英們的智慧。

第 6 章

走出絢爛的BRICs

曾紅極一時、被視為全球經濟成長引擎的金磚四國，近年來的動能弱化，令人擔憂它們是否已由絢爛轉為平淡，能否繼續為全球經濟帶來顯著貢獻？

1981年，國際金融公司（International Finance Corporation）的阿格塔米爾（Antoine van Agtmael）及2001年高盛的歐尼爾（Jim O'neill）分別創造「新興市場」（emerging market）與「金磚四國」（BRICs[1]）2個對日後影響深遠的名詞。前者將華爾街為首的投資銀行資產配置對象，擴及到當時還認為是具有異國風味（exotic）的資本市場；後者則將焦點置於巴西、俄羅斯、印度及中國等4個土地廣闊、人口龐大的新興市場。

雖然，阿格塔米爾與歐尼爾的許多預言都變成事實，但近期BRICs經濟成長趨緩，促使各界對它們是否已過時產生疑慮。現任摩根史坦利全球暨新興市場股票主管夏莫（Ruchir Sharma）曾於《外交事務》（*Foreign Affairs*）雜誌撰寫〈破碎的金磚〉（Broken BRICs）一文，而《經濟學人》（*Economist*）亦以〈金磚四國大減速〉（The great deceleration）為題，表達深切的擔憂。

快速崛起的耀眼經濟體

　　近10年來，BRICs和新興國家在全球市場陸續展現其影響力的實證，可由以下幾個數據得知：從GDP衡量的經濟規模來看，BRICs占全球比重從1992年的14.5％提高到2013年的27.2％；其他新興市場也從21.3％提高到23.7％，2013年兩者合計達50.9％，已超越已開發國家。

　　分析貢獻度變化可知，1992年新興市場僅貢獻全球經濟成長率2.2％中的0.8個百分點，至2001年起皆超過已開發國家，且呈現逐漸擴大的態勢。而單就BRICs而言，2005年起貢獻度也都高過已開發國家。其中，中國自2007年起超越已開發國家，成為全球最大的成長引擎，儘管2013年的中國經濟成長趨緩，但貢獻度仍達1.26個百分點，約占全球4成的經濟成長來源。

　　再者，由於BRICs及其他新興市場主要是透過貿易融入全球經濟，使出口占全球比重的成長，尤為明顯。1994年其出口占全球比僅8.7％及18.0％，2012年升高至18.4％及23.6％，全球貿易總額占GDP比亦從1994年的19.7％提高到

---

1. 南非於2010年12月24日獲得中國等四國同意，正式加入金磚行列，成為金磚五國（BRICS）。惟目前國際間談及金磚國家時，仍常以四國論之，故在英文縮寫上有2種寫法，當寫成BRICs時，仍以四國為主，小寫s代表複數，但將s轉為英文大寫時，則表示有納入南非。

2012年的31.3％，顯示新興市場活絡了全球的貿易。

全球經濟面貌就此改變

不過，新興市場的經濟發展並非一帆風順。

1994～2002年，金融風暴從墨西哥蔓延到亞洲，又從亞洲轉向俄羅斯、土耳其及中南美洲，使得新興市場經濟若非從成長掉落至衰退，便是成長明顯趨緩；而匯率明顯貶值、負債比顯著攀升，更形成嚴重的金融問題，新興市場的光環明顯黯淡。

經過近10年的沉潛，2003年起新興市場以嶄新面目重現在世人眼前。其記取1990年代末期各種金融危機的經驗後，大力增強國際收支及政府債信。2003～2012年，新興市場占全球經濟的規模以平均每年1.05個百分點提升，遠高於1994～2002年平均每年0.45個百分點的速度。

新興市場股票市值占全球比，也從2002年約4％快速地上升，甚至升破10％。儘管2008年金融海嘯席捲全球時，新興市場也遭受嚴重的打擊，但只花不到一年的時間調節，就站回到海嘯前的高點。

除了經濟金融上有亮眼表現，新興市場在許多層面上也改變全球經濟。首先，大量的低廉勞工不但幫助跨國企業創造可觀的利潤，亦為全球消費者帶來種類眾多、價格便宜的

消費產品；其次，在吸取1990年代末期的經驗後，新興市場改採出口導向的發展策略，透過累積巨額經常帳順差，避免經濟發展過程再次面臨危機；這些順差又間接地融通已開發國家的消費者，為其創造極為可觀的需求。

第三，崛起的新興市場，縮減了貧窮問題。1993年全球有一半人口生活水準不及美國的5％，但至2012年，已提升至美國的18％。在龐大的人口基礎下，生活水準提升代表新興市場不再僅是世界工廠，也是企業未來的銷售市場。

然而，新興市場的崛起也不是完全沒有副作用。最直接的衝擊，莫過於已開發國家的中低層勞工，被前者的廉價勞工替代，使已開發國家勞工薪資成長相對緩慢，造成社會的M型化，亦導致2002年及2009年美國經濟開始復甦時，都曾出現無就業復甦的現象（M型化社會與無就業復甦在第8章，另有延伸論述）。

而且，新興市場因基礎建設帶動的大量原物料需求，引發原物料價格大幅上漲，致使2006年至金融海嘯前，全球出現普遍性的通膨問題；而人口及經濟快速成長，產生棘手的汙染問題，更對地球環境造成嚴重傷害，也讓極端天候現象頻傳。

城鎮化讓BRICs巧妙結合

事實上，除了人口眾多、國土幅員遼闊及經濟規模龐大外，BRICs相似之處並不太多。這些國家幾乎是以不同、甚至是相互掣肘的方式，推動其經濟成長。

例如，巴西與俄羅斯是全世界數一數二的資源大國，經濟成長必須仰賴原物料價格高漲。但中國與印度則是全球名列前茅的資源消耗國，原物料價格高漲反而不利其經濟成長。因此，若非是過去十餘年特殊的經濟環境，BRICs不太可能同時走向繁榮。

城鎮化可說是將四國巧妙連在一起的關鍵。中國能成為世界工廠，關鍵在擁有充沛的農村勞動力。中國工業化最早出現在沿海地區，屬於低技術層次的勞力密集型產業。隨著勞工技術進步及工資的上揚，沿海地區的製造業逐漸升級為較高技術層次的產業，較低技術層次的生產則轉往工資較低廉的內陸地區。

由於低廉勞動力的供給源源不絕，中國過去幾乎是在沒有流失工作機會的情況下，推行工業化及產業結構升級。而中國快速的城鎮化及農村勞工「進城」，創造大量的房屋、基礎建設及原物料的需求。在原物料供給彈性低，且難以在短時間內快速增加下，終於發生市場供不應求的景況，進而引發價格上漲，嘉惠巴西與俄羅斯。

從絢爛回歸到常態

自1960年以來，全球曾經歷2次勞動力的釋放，第1次出現在日本及亞洲四小龍崛起的1960～1980年代。當這些國家在1980年代逐漸融入國際經濟體系後，全球貿易占GDP比重就進入另一個新的局面，且一段時間沒有太大變化。直到中國與印度也開始融入，促使全球貿易占GDP比重再次增加，原物料價格也因供不應求而明顯上漲。

不過，相對於過去的榮景，2013年BRICs的經濟表現開始不佳。第1季巴西、俄羅斯、印度及中國第2季的經濟成長率分別僅1.9％、1.6％、4.8％及7.5％，明顯較2004～2012年平均的3.9％、4.4％、7.8％及10.5％放緩，且MSCI新興市場指數亦明顯落後已開發國家，令人擔憂BRICs的前景是否已由絢爛轉為平淡。

從好的層面分析，IMF預測2013～2018年BRICs仍是全球經濟成長的最重要來源，因為其擴大後的經濟規模已非10年前可比，即便成長趨緩，仍然可以為全球經濟帶來相當大的貢獻。

從壞的層面來看，BRICs已不可能再回到2004～2007年般的快速成長，過去這4個國家結合在一起的力量已減弱許多。例如印度在快速成長後，過往廉價的軟體工程師已不再那麼廉價。隨著IT服務需求增加，這些工程師已從供過於求

逐漸演變為供不應求，明顯推升工資，也意味著印度的科技產業正快速邁向成熟階段，若欲維持經濟高速成長，勢必得尋求新的成長動能。

印度基礎建設不足，成長趨緩

由於印度擁有全世界最多的年輕人口，享有極高的「人口紅利」優勢，所以樂觀論者認為，即便科技業逐漸成熟，然而，憑藉著人口結構的優勢，印度仍能維持快速的經濟成長。然而，這樣的推論是有瑕疵的。人口紅利能對經濟成長帶來助益的前提假設，在於年輕人口必須具備足夠的技能，以因應全球化挑戰，正如同當年網路出現時，印度曾成功釋放出廉價且優質的工程師。

問題是，當前印度最大的發展障礙在基礎／硬體建設不足，造成能夠吸納年輕勞工的製造業，難以大規模發展，亦會讓整體教育品質低落，無法提供足夠的合格勞工。因此，當科技業的優勢逐漸被開發殆盡後，若印度無法改善必要的軟硬體基礎建設，釋放目前仍存在的大量人口紅利，生產力成長將嚴重受限，經濟成長必然趨緩。

中國低廉勞動力優勢漸失

同樣的，中國充裕與低廉的勞動力優勢也正逐漸流失。中國國家統計局資料顯示，2012年勞動年齡人口較2011年減少345萬人至9.37億人；聯合國資料亦指出，中國勞動年齡人口占比從2010年達到高峰73.51％後即下滑，預計2030年將降至67.95％。

雖然9.37億的勞動年齡人口仍是中國最大的競爭優勢，但在長期趨勢下滑的情況下，這項優勢將會逐漸消弱。

在過去30年平均以接近10％的快速成長中，中國勞動生產力平均每年只提高約7.3個百分點，意味著每年約有將近3％的經濟成長來自於勞動力的增加。若勞動人口不再成長，中國的潛在經濟成長率勢必下降。

嚴格說來，過去中國勞動生產力每年高速成長的驅力，來自城鎮化的快速進展。而目前中國城鎮化比率僅52.57％，與已開發國家平均約80％仍有相當的差距，再加上已開發國家的技術外溢效果，顯示勞動生產力仍可維持一定程度的提升，並較已開發國家成長快。

不過，經歷近20年的追趕後，中國與已開發國家間在生產技術上的差距已逐漸縮小，使未來勞動生產力的提升將從「學習」轉為「研發」。

「研發」是一條相對艱難的道路，代表中國勞動生產力難

以維持快速成長。因此,當中國過剩勞動力供給不再充裕,且勞動生產力無法如先前般快速提升下,經濟成長趨緩自然不可避免。

要素稟賦使用飽和,印、中經濟放緩

要素稟賦是推動經濟成長的重要關鍵因素,當一國擁有充沛且價格低廉的要素稟賦時,較容易維持高速成長。近年來,中國與印度經濟成長趨緩,都凸顯出要素稟賦使用接近飽和的瓶頸,經濟成長將走向較慢的新軌道。

而當中國與印度經濟無法維持快速成長時,對原物料需求的程度就不若先前般飢渴,勢將造成原物料價格漲幅趨緩,甚至導致部分原物料的價格下跌,進而拖累巴西與俄羅斯的經濟成長。

經濟結構性難題,非解不可

21世紀第1個10年,新興市場重新站到聚光燈下,享受投資人簇擁的美好時光,但藏在聚光燈背後的結構性問題,已日漸擴大,且開始侵蝕新興經濟體的成長基石。如近年來俄羅斯與巴西在國際原物料價格穩定的情況下,面臨到經濟

成長率偏低與物價走升的難題。

　　一般而言，物價上揚應與經濟成長同向，除非原物料價格明顯高漲時，才可能發生兩者走向相反的情況。但如今俄羅斯與巴西卻出現這種與經濟學邏輯相違的現象，凸顯出兩國的結構性問題 —— 國內總合需求殷切（含基礎建設、法制規章……等諸多軟硬體的經濟發展需求），但可妥為支應的自有產能不足，以致因供給擴張有限，造成經濟成長遲緩，又由於需求殷切，進而推升物價走高。

　　相較之下，同屬BRICs的中國，則是另一種極端光景。它同樣陷入經濟成長率走低的困境，但中國物價卻持續走低（除資產價格外），生產者物價甚至有長達2年的時間都處在負值。此種現象反映出當前中國的結構性問題在於儲蓄過剩，且不僅造成投資過度，過剩的儲蓄還滿溢到其他部門，造成資產價格上漲。

　　這種部分新興市場產能不足、部分新興市場儲蓄過剩的經濟失衡現象，早在金融海嘯前就已經悄然存在。而全球經常帳的失衡，讓這些結構性問題更加惡化。

　　在正常情況下，封閉的經濟體不可能出現儲蓄過剩的現象，因為其代表該國面臨消費疲弱的窘境。在封閉的經濟體系裡，「國家儲蓄＝國家投資」是不變的真理。同樣的，一個國家也不可能同時出現需求殷切及產能不足的現象。因為，在需求帶動下，廠商會不計代價的擴廠生產，並推升資金成

本;而利率上揚則會提高儲蓄意願並抑制消費,直到消費等
於生產為止。

　　但是在2001～2010年間,上述這些足以引導經濟體走向
均衡的機制,並未發生。深究原因,實與2001年中國正式加
入世界貿易組織(WTO)從一個近乎封閉的經濟體走向開放
的過程,有密切關聯。

世界工廠燒出病灶

　　中國加入WTO對全球經濟失衡的影響相當巨大。

　　之前中國縱使有龐大又低廉的勞工優勢,卻因層層貿易
障礙,讓這些優勢的生產要素,幾乎隔絕於全球貿易市場之
外,使其經濟成長始終不穩定;隨著貿易障礙被打破、要素
稟賦優勢獲得釋放,中國在2002～2010年間皆保持接近10％
的經濟成長率,即便面臨2008年全球金融海嘯,經濟成長還
可保持在9％以上。

　　諷刺的是,全球貿易組織是古典經濟學下的產物,希望
各國能夠降低貿易障礙,並透過特有的要素稟賦,藉由貿易
與競爭機制,提高所有參與國的福利。但是,古典經濟學的
根本假設在於價格機能,亦即透過市場價格調整各種供需,
讓資源能在最有效率的情況下運用。

　　然而，入世初期的中國政府，對價格機能的運作尚在摸索，因此幾乎可說是在管控各種價格的情況下，就加入極為仰賴價格機能的WTO組織[2]。事後來看，中國入世所帶動的新興市場榮景，本就不屬於經濟運作的「合理常態」，自然難以為繼。

　　就某個程度來說，中國的外匯市場管制就是造成這波資源錯置的最大因子。自2001年起，中國與國際間的連結度明顯提高，人民幣匯率「應該」反映市場供求而出現波動，以調整供需。

　　但由於中國長年保持固定匯率政策，使該價格機能無法發揮正常的作用。以致於加入WTO後的中國，在出口大增、人民幣匯率卻無法升值的情況下，抑制了部分本來該出現的進口需求，促使中國持續累積巨額貿易順差。

　　這些巨額貿易順差，直接或間接地流入其他總合需求殷切、但生產力不足的新興市場國家[3]，導致這些國家未感危機的急迫性，因而沒能積極調整自身經濟的結構性問題。

2. 從中國歷屆三中全會中對市場機制的看法可知，中國的市場化是一個長期漸進的過程。從1992年的十四屆「建立社會主義市場經濟體制」、十五屆「使市場在國家宏觀調控下，對資源配置起基礎性作用」的描述看來，此時期的中國對市場機制仍有所保留，直至2007年十七屆提出「從制度上更好發揮市場在資源配置中的基礎性作用」，才真正開始思考如何改革制度，讓市場機制發揮作用。到了2013年的十八屆三中全會，則提出「市場在資源配置中起決定性作用」，意味著中國政府未來將徹底透過市場形成的價格機制，達到調節經濟活動、提升供需效率的成果。

此外，對中國而言，快速成長的出口及被壓抑的人民幣匯率，使得賺外匯遠比賺人民幣有利可圖，變相導致國內需求即便不足，但投資需求卻依然殷切的現象。

而且，由於各類投資往往需要大量的原物料，進而推升原物料價格，嘉惠以原物料出口為主的新興經濟體，造成這些經濟體儘管產能擴張有限，但因出口產品價格明顯上漲，得以在不需要增產下，就可以滿足其國內需求，更延緩這些經濟體結構性問題對其經濟成長的制約程度。

中國市場機制不彰，加重失衡

除人民幣外，中國市場化不足，非但讓上述問題更為嚴重外，亦體現在其他層面。

首先，中國長年管控利率市場，並以人為方式壓低存款利率水準，導致部分大型國營企業可用低於均衡的利率水準取得融資，進而放大投資需求；也由於政府嚴管金融體系，使一般民眾的儲蓄沒有足夠的使用管道，即使面臨人民銀行制定近乎剝削的存款利率水準，依舊只能將大部分儲蓄以存款形式持有，讓中國金融體系可以持續將儲蓄導入投資（包含僅具高政策意義，但經濟效率卻低的投資）。

再者，中國社會安全網（缺乏退休金及醫療保險）不足，又不具備完善的私有財產制，促使民眾需要額外增加預

防性儲蓄，加重超額儲蓄及資金無效率的現象。

由此可知，一個市場化基礎不足的中國，加入市場化要求甚高的WTO後，便會在價格機能無法順利發揮作用下，造成國內無效率的投資得以持續；而中國過度投資，又引發國際原物料價格高漲，讓部分國內產能不足但需求強勁的新興國家，能在結構性問題未解的情況下，維持經濟高速成長；再加上過剩儲蓄的融通，讓中國能夠持續滿足該等國家的殷切需求，進一步惡化全球失衡的程度。進一步惡化全球失衡的程度。因此，21世紀的第1個10年可說是新興市場榮景與全球經濟失衡共生。

---

3. 由於長年的經常帳順差，中國的外匯存底至2013年12月已飆升到3兆8,213.2億美元。一般咸認為，中國貿易順差所產生的外匯存底多流向美國為首的已開發國家公債。但由於該股資金壓低已開發國家長期資金成本，進而迫使已開發國家資金在收益率的考量下，流向部分國內總合需求殷切，但生產力不足的新興市場。舉例來說，2003～2013年，全球各國透過FDI及投資組合投資流入巴西、俄羅斯及印度3國的資金分別為5,068.2億美元及3,908.8億美元。在投資組合投資中，單單美國從2003～2012年流進3國的資金就高達3,099.6億美元，相當於中國直接與間接的融通這些新興經濟體的需求過剩。

經濟結構調整的必要之惡

然而，當中國從如此扭曲的共生關係中驚醒，充分認知到現有的經濟發展模式不可能讓其走向永續成長的大國，並自2011年開始做出明確改變後，高度仰賴中國的全球新興市場，就開始面臨本質上的挑戰。

2011年是中國「十二五規劃（2011～2015年）」開局的第1年，也是中國經濟發展策略轉向的一年。

計畫一開始，中國政府即將經濟成長目標，由「十一五計畫」時期的7.5％下調至7.0％，鄭重宣示中國政府不再強求經濟成長；2013年3月，新領導人國家主席習近平與國務院總理李克強正式上任後，頻頻表示將加快中國市場化的進程，更確立中國經濟再平衡過程已然啟動。

也就是說，中國不再追求出口導向型、投資驅動型的經濟發展模式，經濟發展也將從過去強調GDP成長的「國富」，轉變為分配更均衡的「民強」。

不過，結構轉型等同要放棄過去成長的運作教條，但身為新成長引擎的內需消費，要點燃或加速前進都不可能一蹴可幾，必須透過一連串的制度改革與管制鬆綁才可能達成。因此，中國經濟成長減慢將成為未來的新常態（完整論述請見第7章）。

況且，中國進行結構轉型的過程中，不只本身的金融市

場必須經歷長時間的陣痛期，其他新興市場也因為被迫調整先前的失衡狀態而陷入不穩定。因此，在這個非做不可的調整過程結束前，部分新興市場金融資產必然會大幅動盪，甚至較先進國家疲弱。

國家愈脆弱風險愈大

國際清算銀行（BIS）於2014年1月發布報告指出，中國進行經濟結構調整的過程，將會透過不同管道影響新興市場國家，並使其呈現3種脆弱狀態：國外融資脆弱性（External Financial Vulnerabilities）、國內金融脆弱性（Domestic Financial Vulnerabilities），以及國內財政脆弱性（Domestic Fiscal Vulnerabilities）。

其中，國外融資脆弱性包括經常帳赤字過大、國外投資（FDI）淨流出、外匯存底不足、外債偏高及短期匯率升值過大等面向；國內金融脆弱性包括民間債務累積過快、家庭負債比偏高、貸款成長過快、外國投資人持有本國發行的債務過多、債務多仰賴海外融資等面向；至於，國內財政脆弱性則涵蓋財政赤字過高、政府債務偏高及政治風險等層面。

根據BIS的定義，新興經濟體中，僅有韓國、墨西哥及菲律賓在多個脆弱性指標中相對穩定，其餘國家則各有難關，

如BRICs國家都至少面臨2道難題：中國與俄羅斯相仿，同時存在國外融資脆弱性及國內金融脆弱性；巴西與印度近似，同時存在國外融資脆弱性及國內財政脆弱性（見圖表6-1）。

至於部分體質較差的新興經濟體，則是3個脆弱性皆有，例如匈牙利有外債占GDP比重過高（國外融資脆弱性）、民間債務累積過快（國內金融脆弱性），以及政府負債偏高且政治問題大（國內財政脆弱性）等瓶頸；泰國面臨短期外債過高（國外融資脆弱性）、家庭債務膨脹太快（國內金融脆弱性），以及政治擾動（國內財政脆弱性）等問題；至於政治動盪的烏克蘭，情形更為險峻，計有民間信貸成長過快（國內金融脆弱性）、財政赤字過大（國內財政脆弱性）、經常帳赤字偏高、外匯存底不足、外債比過高（國外融資脆弱性）等諸多困境（見圖表6-2）。

如何正確看待新興市場發展？

由BIS的報告可知，經濟發展失衡已是新興市場的普遍現象。不過，由於新興經濟體的失衡情況各有不同，因此每個國家的擾動會以不同形式出現，無法一言以蔽之。在推測個別新興經濟體是否可能出現金融危機時，必須先了解每個經濟體的特殊問題，再觀察對應該問題的金融指標，才能做出更精準的判斷。

| 圖表 6-1 | BRICs 脆弱性分類 |

脆弱性 國別	國外融資脆弱性	國內金融脆弱性	國內財政脆弱性
中國	有， 因短期內匯率升值過大	有， 因民間債務累積過快	無
俄羅斯	有， 因短期內匯率升值過大	有， 因貸款成長過快	無
巴西	有， 因短期內匯率升值過大	無	有， 因政府債務偏高及政治風險
印度	有， 因經常帳赤字過大	無	有， 因財政赤字過高、政府債務 偏高及政治風險

資料來源：元大寶華綜合經濟研究院整理

　　假設某一經濟體的問題主要集中在國外融資的脆弱性，那麼該國匯率就是判斷是否可能出現金融危機的風向球，如出現匯率異常貶值，就代表資金正在外流。長此以往，該經濟體的國際收支恐無法融通，進而形成金融危機；又假設某一經濟體的脆弱性主要集中在國內金融市場，則貨幣市場利率將是重要的觀察指標。

　　倘若該國貨幣市場利率異常飆高，即間接表明資金體系出了問題，可能引發信貸危機；但如果某一經濟體的脆弱性集中在國內財政面向上，便可多留意公債殖利率的表現。當其異常走升時，將加大該國政府融通的難度，最終易導致主權債信問題。

圖表 6-2　新興市場脆弱性指標

	阿根廷	巴西	保加利亞	智利	中國	哥倫比亞	捷克	匈牙利	印度	印尼	韓國
國外融資脆弱性											
經常帳／GDP	-1.2	-2.7	2.5	-4.2	2.4	-3.4	0.4	5.3	-3.8	-3.4	5.8
FDI 淨額／經常帳赤字	79	38		25		-104			41	37	
外匯存底覆蓋率	0.7	1.8	0.9	0.9	5.9	1.5	1.5	1.5	1.4	0.8	2
外債／GDP	27	30	9.1	44	8	21	55	112	22	30	35
REER（2013 年底／2003-2012 平均）	25	-1	6	0	24	12	3	0	-10	-8	-4
國內金融脆弱度											
非金融負債／GDP（2011-2013Q1 成長率）		9.2	-3.2	8.4	19.4		3.6	12.2	2.4	3.9	7.6
家計部門負債（2011-2013Q1 成長率）		5.6	-3.2	2.4	4.1		2.4	-8.2	0.1	2.6	3.8
信貸成長（2010-2012 年平均）	36	17	5	13	18	16	4	-2	17	18	5
國內財政脆弱度											
財政收支／GDP	-2.4	-3.6	-2	-1	-2	-1	-2.9	-2.9	-7.1	-2.4	1.7
政府債務／GDP	48	68	16	13	23	32	48	80	57	26	36
2014 年是否有選舉		V				V	V	V	V	V	

	馬來西亞	墨西哥	祕魯	菲律賓	波蘭	羅馬尼亞	俄羅斯	南非	泰國	土耳其	烏克蘭
國外融資脆弱性											
經常帳／GDP	2.7	-1.5	-4.5	2.6	0.8	1.5	1.5	-6.4	-0.8	-7.6	-8.3
FDI 淨額／經常帳赤字		67	98					7	133	12	37
外匯存底覆蓋率	1.6	1.1	3.2	3.6	0.9	1.1	2.5	0.8	2.1	0.5	0.2
外債／GDP	38	30	31	30	70	69	36	40	37	52	53
REER（2013 年底／2003-2012 平均）	1	-2	6	17	0	5	-22	-13	8	-4	-1
國內金融脆弱度											
非金融負債／GDP（2011-2013Q1 成長率）		0.8			4.4	-0.6	4.5	1	5.8	5.8	14.7
家計部門負債（2011-2013Q1 成長率）		1.1			0.3	-2.3	1.1	-0.5	12	3.8	-6
信貸成長（2010-2012 年平均）	10	7	11	10	8	7	26	7	14	19	9
國內財政脆弱度											
財政收支／GDP	-6.3	-2.4	0.8	-2.1	-4	-2.5	-0.5	-4.2	-3.4	-1.6	-7
政府債務／GDP	57	44	19	41	58	38	14	43	47	36	43
2014 年是否有選舉					V	V		V	V	V	

註：■：最脆弱；■：脆弱；■：較不脆弱；□：最不脆弱

資料來源：BIS

由於當前新興市場動盪主要為反映先前失衡情況的調整過程，使未來新興市場出現大幅動盪，勢所難免。考量到每個經濟體的病徵不同，評估其發展的較恰當做法，應是針對每個經濟體挑選出1到2個金融指標，進行長期追蹤。若觀測到多個經濟體的關鍵金融指標，皆出現異常波動的話，則代表新興市場可能會出現較大範圍的金融危機，全球經濟復甦將因此受相當程度的威脅，並且影響主要國家金融市場的穩定性。

如何看待BRICs金融市場？

在本書第2章曾談及QE3減碼對新興國家金融市場的衝擊，美國貨幣政策之所以會對新興經濟體有如此大的影響力，主要是其金融市場的發展尚未成熟，金融體系亦較脆弱，在對外交易中仍長期依賴美元、歐元、英鎊與日圓等國際化貨幣進行計價、結算、借貸和投資，難以避免這些貨幣交叉配置帶來的匯率和資產風險。

同時，金磚國家貨幣匯率大多盯住美元，使貨幣政策的自主性嚴重被削弱。特別是美、日、歐均施行量化寬鬆貨幣政策，導致熱錢流入，不但進一步推高金磚國家外匯存底規模，並加劇輸入型通膨的風險，也使其經濟與金融安全愈來

愈受美國債務風險所累。不過,在人民幣的國際影響力逐步擴張後,此等現象有可能在未來出現變化。

根據IMF與WTO統計,2012年金磚國家GDP與貿易額分別約占全球20.71％與16.81％;2011年底其外匯存底合計10.62兆美元,其中中國占全球的1/3,俄羅斯接近7％,印度接近4％,巴西超過2％。

因此,中國於2013年3月在南非舉辦的金磚國家高峰會,強調深化金融合作,加上中國經濟規模明顯大於其他金磚國家,人民幣實有潛力成為BRICS區域內貿易、投資與外匯儲備的主要貨幣。

SWAP:人民幣已成亞洲區域性關鍵貨幣

自1997年亞洲金融危機以來,人民幣一直保持匯率穩定,即使國際社會近年來不斷出現人民幣升值的呼籲,但中國並未妥協,仍依自己的步調,以控制中間價上下幅1％[4]的調控方式保持穩中有升,人民幣因而得以保值。

2001年後中國經濟快速成長,實質GDP平均年成長率超過10％,傲視全球主要經濟體,並於2010年超越日本,躍居世界第2大經濟體(以GDP規模計)。同時,中國對外貿易長年順差,不斷地吸引外商投資,致使外匯存底穩步上升,至2013年12月已飆升到3兆8,213.2億美元,持續位居全球外匯

存底最多的國家，顯示中國已具備充足的國際清償能力，足以應付對外支付及調節國際收支，並為人民幣的安全性提供重要保障。

再者，中國經濟規模不斷擴大，實力日漸增強，亦為人民幣區域化提供堅實的基礎。2008年起，中國央行（人民銀行）已先後與19個國家、地區的央行及貨幣當局簽定貨幣互換協議（SWAP），規模共計2兆餘元人民幣[5]。

SWAP是人民幣國際化的重要一步。檢視亞太地區締結路線，從周邊貿易夥伴，如香港、韓國、新加坡；到新興市場國家，如印尼、泰國、馬來西亞，再到關鍵地區樞紐國家，如土耳其、阿拉伯聯合大公國，以及紐西蘭和澳洲，顯示中國採取周邊化、區域化方式做為推動人民幣國際化的策略（見圖表6-3）。亞洲貿易夥伴和新興市場國家願意與中國簽定SWAP，表明人民幣已成為亞洲區域性的關鍵貨幣。

2009年中國開放跨境貿易人民幣結算以來，人民幣做為貿易結算貨幣規模亦快速增加，從2009年的3,600萬元大幅

---

4. 人民銀行於2014年3月15日決議擴大人民幣每日交易區間至2%（即為中間價上下幅2%），此為匯改以來第3次調整。即使該行放寬每日匯率浮動區間，但並未放手對中間價的制定，使人民幣雙向波動的程度雖會擴大，卻仍受人民銀行高度管制。

5. 亞太地區包括韓國、香港、馬來西亞、印尼、蒙古、新加坡、紐西蘭、烏茲別克、哈薩克、泰國、巴基斯坦、阿拉伯聯合大公國、澳洲；歐洲地區包括俄羅斯、土耳其、冰島、烏克蘭；美洲地區包括阿根廷和巴西。

圖表 6-3 　**人民幣國際化進程**

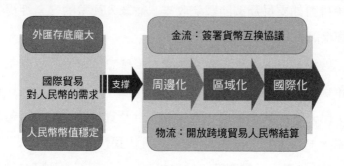

資料來源：元大寶華綜合經濟研究院整理

增長至2012年的2.54兆元。2010年「中國—東盟貿易區」啟動，中國進一步擴大從東南亞的進口，人民幣作為該區域貿易結算貨幣隨之大幅增加。此外，2012年9月美國施行QE3起，韓元、新台幣、菲律賓披索、泰銖、新加坡幣與馬來幣等亞洲國家貨幣，紛紛與人民幣走勢呈高度相關，顯見人民幣亞洲區域化的效應正逐漸浮現。

根據環球同業銀行金融電訊協會（SWIFT）2013年12月報告，人民幣付款交易量在全球付款貨幣排名於2012年年底時位列14名，但在短短一年內，已晉升至第8位。

雖然與歐元、美元、英鎊與日圓等國際化貨幣相比，人民幣在地位上仍有一段距離，但潛力相當可期。尤其是金磚國家若欲趁美、日、歐均施行量化寬鬆貨幣政策，導致金磚

國家債權降低減損風險的機會下，轉以彼此貨幣直接兌換，在中國較高貿易額的優勢下，人民幣在BRICs內流通的可能性大增。

人民幣：全球貨幣市場地位升高

　　金融海嘯及歐債危機之後，國際間對亞元的討論幾近消失，取而代之的是對人民幣在全球貨幣市場地位的重視。再加上習李政權將開放資本帳列為既定的政策方向，從上海自由貿易示範區的啟動，到強調要讓市場機能起決定性作用，加速鬆綁各項金融與外匯市場管制等宣示，都成為人民幣長線走升的有力佐證。

　　由歷史經驗得知，當各國央行增持某一貨幣做為外匯準備時，該貨幣將出現持續升值的現象，如同1995～2001年的美元及1999～2008年的歐元走勢。因此，即使目前只有極少數國家的央行，將人民幣做為外匯準備之一，但當資本帳管制開放後，中國龐大的經濟規模和與日俱增的國際影響力，勢必吸引其他國家分散現今過度集中於美元的外匯準備。屆時，「從無到有」的儲備貨幣地位及過程，將成為人民幣升值的穩健支撐。

　　從中國內部經濟的角度觀之，人民幣升值將取決於資本

帳管制、貨幣供給、消費者物價及出口成長等4項因素。

首先,當資本帳開放過快或貨幣供給失速時[6],都會帶動熱錢大量流入,加快人民幣升值腳步,但這2種情況多半不為人民銀行所樂見,進而出手干預;相對的,若消費者物價上揚,該行為抑制輸入性通貨膨脹延燒,反而會傾向讓人民幣升值。

另外,由於出口成長提高,讓廠商結匯需求增加,也會推動升值走勢。只是,匯率走升會拉低出口競爭力,對於還未能將經濟結構大幅度轉向內需,依舊仰賴出口帶動經濟成長的中國而言,未必是好事。

強勢貨幣有譜

再以全球金融市場的面向來看,美國、歐洲及日本等國的貨幣政策鬆緊,也會影響熱錢流入中國的速度和人民幣匯率的強弱。

即使2013年中國的出口成長不如以往,但實質有效匯率指數及名目有效匯率指數的升值幅度,卻分別達到7.89%、7.18%,為2005年7月匯改以來的次高升幅。原因就在於市場預期美國QE3即將減碼,美元對多數貨幣將呈現升值,而人民幣又相對美元升值,導致人民幣頓時成為最強勢的國際主要貨幣。

在美國聯準會以「QE3減碼只在經濟符合預期下，才會進行」為前提，並於2013年12月啟動減碼後，意味著減碼期間的美國經濟將相對穩定。而當國際景氣跟著美國開始好轉，身為全球最大出口國的中國自然受惠，也將推升人民幣升值，並抵消QE3減碼的影響。

不過，若聯準會錯判經濟情勢，國際熱錢便會快速且大量撤出新興市場（外匯及資本市場偏弱的新興國家，受創最大，相關論述詳見本書第2章），促使美元以高仰角方式升值，形成人民幣的壓力。所幸，中國保有巨額的經濟帳順差，讓人民幣即使暫停升值，卻仍是強勢貨幣。

至於，每逢G20例會（一年二次），各國總會討論中國是否干預外匯市場，並呼籲人民幣應加快升值，抑或每年年底美國發佈匯率報告，將中國列為匯率操縱國，揚言人民幣若不合理升值，便要對中國進行貿易制裁云云等指責。中國政府雖不至於視為耳旁風，卻也不會隨之起舞。

一方面是基於1980年代後期的日本和1990年代初期的台灣，都曾因為匯率升值過快，引發市場預期，致使熱錢在短期內大量流入，形成資產泡沫與釀成危機的殷鑑不遠，中國有理由對人民幣匯率按兵不動；另一方面，則是因其「大國

---

6. 當貨幣供給過快時，中國央行必然採取緊縮性貨幣政策因應，利息便會跟著升高，吸引利差交易的熱錢流入。另外，因為內需增強，促使需求面拉動利率上升，以及需求增加推升資產價格，皆會產生熱錢湧進效應。

的驕傲」及經濟結構轉型尚未完成，難以配合國際期待。

在近期BRICs經濟成長動能明顯熄火的情況下，或許市場會轉向其他新興國家，但以目前較常被討論的金鑽十一國（N11）或邊境市場（Frontier Market）而言，其總合經濟規模與人口總數都不及中國與印度的其中之一。況且，這些國家人均GDP都比當前的中國與印度還高，代表其發展潛力沒有當初的BRICs龐大。

在可預見的未來，新興市場將以中國為首，展開一場長期且巨大的轉型挑戰，這些經濟體能否持續留住市場關愛的眼光，甚至躍上更大的舞台，就看其轉型的魄力與執行力的高下如何了。下一章將特別針對中國的結構性轉型，進行全面解析。

第 7 章

中國經濟趨緩全解析

要 了解中國經濟為何由高速成長轉為明顯趨緩，以及如今見諸各種政策文件的「調結構」真義，關鍵在於應從過去「胡溫體制」的政策慣性，轉化至「習李體制」的新思維。

2012年十八大後，國務院總理李克強對外談話時雖多次提及「改革是中國最大的紅利」，但許多專家認為「調結構」的概念，早在「胡溫」時代便已出現，最終只淪為口號，因而惴度「習李」雖淡化經濟成長，但不代表忽略經濟成長。

2013年7月，李克強於國務院會議中，對GDP成長的合理區間，做出進一步的闡述。他表示，「所謂合理區間，就是有一個下限和一個上限，下限就是穩增長，保就業，上限就是防通脹」。因此，當經濟運行保持在合理區間內，政策著力點將置於調結構，此時將主推釋放改革紅利，強化市場配置資源和自我調節機能；若低於下限值，施政思維將側重於穩增長、保就業。

同時，他更明確指出，「現階段要保就業，使城鎮調查失業率控制在5％左右，經濟增速就不能低於7.2％，否則就會衝擊就業。」換言之，只要經濟成長率仍然在7.5％目標值上下，中國將持續推出改革方案，加快結構轉型腳步；若經濟成長明顯滑落至目標值以下，且失業問題升高，當局仍將推出各項激勵政策刺激經濟成長。

「習李」之所以將調結構置於穩增長之上，並向外界重申其「說到做到」的決心，實有不得已的原因與政治上考量。

避開中等收入陷阱

眾所周知，中國過去30多年的高速成長可歸類為運用廉價勞動力和大量累積資本的資源驅動型模式。當人均所得達到約1萬美元的水準後，由於工資及資金成本提高，相對其他開發中國家的比較利益將日漸衰落，易陷入「中等收入陷阱」。

即使IMF預測2013年中國人均GDP僅6,629美元，距1萬美元仍有相當差距，但在未來10年的「習李」任內，若每年經濟成長皆能超越7％，人均所得將在2020年時超過該門檻值，如不盡早將成長來源轉移至高生產力和創新的模式，將難以進步為已開發國家。

再者，實施逾30年的一胎化政策，也是中國必須面對「中等收入陷阱」的原因之一。2012年中國勞動年齡人口為9.37億人，較2011年減少345萬人，顯示廉價勞動成本的優勢正在快速流失。而中國過去依賴投資驅動的發展模式，也面臨瓶頸，21世紀以來，僅2000、2001、2011及2012年消費對經濟成長貢獻率超過50％，其餘年份皆由投資主導貢獻。

儘管由開發中國家邁向已開發國家的過程中，投資比重偏高是自然現象，但近期中國的投資效率已出現下滑問題，諸如鋼鐵、水泥、有色金屬、煤化工、平板、玻璃及風電設備等，皆面臨產能嚴重過剩的困境；且2002～2008年平均每

0.24元的貸款，可支撐1元經濟成長值，但2009～2011年，卻需要0.49元的貸款來支持。

以往中國追求高速的經濟成長，是希望藉此創造足夠的就業機會，緩和民間對中央集權政府的不滿。所幸，隨著城鎮化達到一定程度，加上勞動年齡人口減少，現階段中國已不需如過去般快速成長，就可保持勞動市場的穩定，騰出空間讓當局處理長期經濟失衡的問題。因此，「習李」上任後，極欲突破幾近停滯的調結構瓶頸，許多制度上的變革乃醞釀而生。

首先，由高層倡導禁奢令，主攻行政機關及國營機構揮霍陋習，即使短期犧牲消費動能亦在所不惜；其次，為打擊熱錢恣意流入，對虛假出口數字嚴加監管，使得2013年第2季以來各月出口年成長率下滑；第三，國務院取消或下放117項行政審批項目，將交由地方政府投資部門核准，加快市場化腳步。

第四，銀監會對理財商品的規模加以控管，抑制影子銀行急遽擴張，6月中旬金融機構間流動性緊俏，導致同業間拆借利率飆升，實為開啟利率自由化的前哨戰；7月人民銀行全面開放金融機構貸款利率管制，更是重大突破。

一系列的改革與開放，旨在下放中央權力，利用市場力量將目前經濟運行導向更有效率的軌道，並加速淘汰及整併產能過剩的行業。

第18屆三中全會看「習李」改革藍圖

隨著習、李兩人調結構的核心思維轉向「惠民生、促改革」，外界冀望2013年11月中國共產黨第18屆中央委員會第3次全體會議（以下簡稱三中全會）能端出大規模的經濟結構轉型與體制改革規畫。

照慣例，每屆中央委員會在5年任期內，共計召開7次中全會。自第13屆全國黨代表大會後，此項制度被納入黨章，明文規定會議每年至少舉行一次。而此次三中全會的主要議題，涵蓋了中共中央政治局提出的工作報告及深化改革的規畫等。

三中全會帶動關鍵改革

回顧中共黨史，一些具有轉折性的經濟發展決策，常於各屆的三中全會上決議並公布。例如1978年12月第11屆三中全會即被認為是中共中央的指導思想，由階級鬥爭轉移到「經濟建設」的關鍵會議。自此，中國逐漸形成以鄧小平為核心的第二代領導體制，並開始走向「建設有中國特色的社會主義改革開放道路。」

1984年10月的第12屆三中全會中，提出由農村走向城市的改革，以及在國營企業中實行廠長負責制等改變企業領導

體制的概念，啟動中國經濟體制改革，也播下市場經濟體制
的種子，更對促進經濟改革和之後30年的經濟快速發展，產
生決定性的作用。

1993年11月第14屆三中全會更確立了「社會主義市場經
濟體制」，大幅提升市場體制在總體經濟中對資源配置的重要
性，也進一步強化國有企業經營機制，並建立出適應市場經
濟的現代企業制度，促成中國經濟發展朝市場化邁出一大步。

習、李表決心，揭櫫改革藍圖

細數2013年3月接任中國國家主席的習近平與國務院總
理李克強至今的重要談話，處處藏著中國社經制度改革工程
的身影。

先是習近平於2012年第18屆全國黨代表大會發表演說
時，強調「我們的人民熱愛生活，期盼有更好的教育、更穩
定的工作、更滿意的收入、更可靠的社會保障、更高水平的
醫療衛生服務、更舒適的居住條件、更優美的環境，期盼著
孩子們能成長得更好、工作得更好、生活得更好。人民對美
好生活的嚮往，就是我們的奮鬥目標。」之後，在2013年
3月的兩會（全國人民代表大會及中國人民政治協商會議）
中，習近平進一步表示：「要堅定不移深化改革開放，加大創
新驅動發展力度。」

在習近平兩次談話的背後，涵納諸多根本性的制度鬆綁、社福條件的提高、城鎮化建設與生活條件的升級，可見中國領導人的核心思維已逐漸轉向「惠民生、促改革」的經濟結構調整。

再者，本身具有改革派形象且獲得經濟學博士學位的李克強，對中國當前經濟結構的問題及不可持續性有深刻認知。他所提出的「李克強經濟學」（Likonomics），在著重「不擴大刺激政策」、「去槓桿化」等層面外，亦強調「結構性改革」的重要性，認為「改革是最大紅利」。同時，針對中國經濟的現狀，他也表達加快經濟轉型必須依靠「新四化」，即工業化、信息化、城鎮化和農業現代化的推動。

小步快走：求變亦求穩的策略

經歷數十年高速成長後，中國的經濟成長已步入結構性趨緩的境地，加上過去的經濟激勵政策，常引起資源嚴重分配不均和產能過剩等問題，以致於政策效果逐漸減弱。

這些問題一方面危及中國經濟能否維持合理成長的可持續性，另一方面則因為投資占GDP比重一直處於不尋常的高檔、消費成長對經濟貢獻程度依然嚴重偏低、政府又掌握過多社會資源且干預資源配置，進而抑制創新的萌芽與民間經濟的發展，造成社會貧富不均、中產階級形成不易、環境條

李克強經濟學

李克強主導的新政策有幾項特色：

首先，取消和下放117項行政審批專案、推動中國國務院機構改革，轉換政府職能，期望透過市場力量找出未來具有前景的產業，提高長期潛在經濟成長率。

第二，盲目擴張既有產業的生產必然造成產能過剩、資源浪費、環境汙染等問題，因此持續控制產能過剩行業與高汙染行業成長。

第三，主張減稅並提高財政支出效率，希望透過減少政府的介入，讓市場力量能夠發揮作用，具體方式包含持續擴大營業稅改增值稅試點，並推行結構性減稅、減少政府開支，及2013年7月下旬宣布5年內不能蓋新的政府辦公大樓等。

第四，主張破除壟斷與管制，除規劃進行新一輪類似1990年代末期的國營企業改革，鬆綁被僵化體制長期壓抑的成長活力外，利率市場化也是解除資源過度集中在大型行庫與國營企業的方法。

第五，促進人口流動，從控制人口數量轉移到提高人口素質和勞動效率，並逐步放開戶籍制度，促進農村勞動力轉移到城市。

件嚴重破壞等困境，最終威脅到長期的社會穩定。

不只如此，中國還有地方債務問題仍未獲得緩解、企業負債率高漲、影子銀行持續擴張、產業結構失衡及房地產泡沫等經濟難題。因此，結構改革對於習、李政府而言，是不得不為的決定。不過，2013年以來的多項制度改革，皆以「小步快走」的基調持續進行，亦即在不干擾經濟穩定的前提下，多次透過小規模試探性政策進行體制改革。

例如2013年3月21日公布的《國務院機構改革和職能轉變方案》與《國務院工作規則》，將職能相近、重複、交叉等部門進行改革整合，避免權責不清與推諉的現象，強化政府職能和提高行政效率。

5月15日，國務院又公布《關於取消和下放一批行政審批專案等事項的決定》，取消和下放行政審批專案等事項共計117項；9月25日決定再取消和下放75項行政審批事項。

行政審批權的下放，除了可提高行政效率外，放權至地方更可深度切入各地方的實際規畫與投資需求，且每減少一項行政審批，便可釋放某個產業的潛在生產力和供給能力，藉此逐步放手讓市場機能發揮引導資源分配的功能。

在一連串的改革方案中，尤以2013年5月18日國務院公布的《關於2013年深化經濟體制改革重點工作的意見》（以下簡稱《意見》），最值得注意，亦可視為經濟結構轉型的執行藍圖。

7大改革環環相扣

《意見》的主旨揭示：「正確處理好政府與市場、政府與社會的關係，強化頂層設計與尊重群眾創新精神的關係，增量改革與存量的關係，改革創新與依法行政的關係，並穩住改革、發展、穩定的關係，確保改革順利有效推進」，彰顯習、李政府希望在任內加大市場經濟支配的重要性，並力求在尊重市場精神下，進行各項資源的配置。

解構《意見》內容，可知其格局之大，包含：行政體制、財稅體制、金融體制、投融資體制、資源性產品價格、基本民生保障制度及城鎮化和統籌城鄉相關等7大改革領域。

在行政體制改革方面，政府部會改革已陸續進行，除國務院辦公廳未調整外，其下轄部門已減少至25個；此外，承諾將取消及下放近600個審批項目。

在財稅體制改革方面，將從4個領域切入。首先是稅收改革，包含將營業稅改增值稅、房地產稅由試點推行至全國，以及個人所得稅減免、資源稅改革等；其次是中央政府對地方政府的轉移支付；第三為政府債務的發行，包括政府債券市場、評級完善等，希望透過轉移支付和政府債務的改善，解決目前因為中央與地方權責劃分不清，所衍生出的地方融資平台和龐大的地方政府債務問題。（詳見後文）

在金融體制改革方面，7月19日人民銀行取消金融機構貸

款利率不得低於基準利率0.7倍的下限。雖為配合房地產調控政策，未調整個人住房貸款利率浮動區間，但此次取消貸款利率下限，仍可視做為鬆綁金融機構貸款利率水準而努力。

在城鎮化和統籌城鄉相關改革方面，關鍵在於推進戶籍制度、農村土地制度、財稅體制和基本公共服務均等化等4大改革。

就戶籍制度而言，儘管當前官方公布的城鎮化率已達52.57％，但這是以常住人口數量為統計樣本的結果。因為能享受城市基本公共服務者，仍以具有戶籍的人口為主，若扣除在城市工作但未取得戶籍的農民工（約1.5億人），中國的實際城鎮化率不到4成。換言之，目前的城鎮化率僅為數量上的城鎮化，並非品質上的城鎮化。

因此，2013年6月國務院提交全國人大的城鎮化報告中，首次明確規劃未來各類城市的戶籍改革路線，像是鬆綁小城鎮和小城市落戶限制，有序開放中等城市落戶限制，逐步放寬大城市落戶條件，合理設定特大城市落戶條件等。此外，提出農村土地制度改革，以利實現市場化交易，並提高農民在土地增值收益中的分配比例等。

藉由上述措施，中國將可望推行基本公共服務均等化。過去受戶籍制度限制，農民工參加城鎮職工社會保險的比例較低。截至2012年，農民工的養老、工傷、醫療、失業和生育等5項基本社會保險參保率僅為14.3％、24.0％、16.9％、

8.4％和6.1％。但若要加快推行基本公共服務均等化，緩解城鎮內部出現雙軌制的矛盾現象，就急需進行戶籍制度的革新。只是，改革必然會觸動既得利益群體，讓改革阻力勢難以避免。

中國式全方位改革

從歷史經驗得知，制度殘缺或執行不力的改革，常成為經濟發展的絆腳石，讓原本立意良善的改革紅利淪為改革負債，也成為既得利益者徇私舞弊的溫床。因此，現階段的中國需要更全面性、更頂層的規劃來落實改革路線。

「市場化」是中國新一輪改革進程的遵循路線，其代表人為的管制將逐漸降低，並透過制度的鬆綁，釋放出新的成長潛能。舉例來說，1992年鄧小平南巡後，決定發展市場化經濟，陸續透過分稅制、國企改制、住房商品化、耕地保護制度等改革，鬆綁制度障礙，為之後20年的經濟快速成長奠定良好基礎。

又如1980年代廢除俗稱吃大鍋飯的人民公社制，讓農民得以承包國家的土地，並允許農民將契約規範的農產品數量上繳後，其他餘糧可自行處理或在市場自由出售。此項改革大幅提高農民的生產動機及產量。

　　據國家統計局資料顯示，若將1988年與1978年相比，平均每一農村勞動力創造的產值成長1.8倍，平均年成長10.9％，且10年間勞動生產率提高的幅度遠勝於1949～1978年的29年期間。可見僅是制度改革，便能大幅提升國家的生產力，而其主要的核心思維便是市場化與私有化的概念。

「頂層設計」的再運用

　　隨著中國逐漸步入後工業化時代，政府對自身角色的定位更形重要。

　　三中全會會後發布之《中共中央關於全面深化改革若干重大問題的決定》，擴及「市場經濟、民主政治、先進文化、和諧社會、生態文明」五位一體的全方位改革，尤以強調市場化的決定性作用，備受國際矚目。

　　以往，中國政府有限度的透過制度改革與體制鬆綁，實現高速的經濟成長，但如今面臨的問題癥結點是政府直接干預經濟及對國有企業隱性補貼，在某種程度上侵蝕了市場調節功能的機制，導致市場資源配置扭曲與信號失真。

　　而政府在提供公共服務與建構市場秩序方面卻付之闕如，顯見政府失靈與市場失靈同樣會增加負面外部性與成本，降低經濟運作效率。三中全會強調「市場化的決定性作

用」便是要依靠市場化力量，提高資源配置效率，進而推動中國經濟結構調整與轉型。

目前，中國經濟體制最大的箝制，並非需求制約而是供給制約，是以深化勞動力、資源、利率、匯率等要素價格的市場體制改革，成為當務之急，且在執行上有2個關鍵點：一是政府必須革新與突破，並對自身權力做切割；二是能否設計出更有效率的制度。

李克強強調的「改革是中國最大的紅利」，便是將思維放在如何透過推動市場化改革，提升要素配置效率、釋放成長紅利為核心。

正因如此，2011年「十二五規劃」的開年之初，時任國務院總理溫家寶在兩會上提出，必須以更大決心和勇氣全面推進各領域改革，並強調要重視頂層設計和總體規劃。

其中，「頂層設計」源自於工程學術語，著重自高端向低端推進的設計方法，核心理念與目標都源自頂層，亦即「頂層決定底層，高端決定低端」。而第18屆三中全會後所成立「中央全面深化改革領導小組」，即隱含中國未來改革計畫將更注重頂層設計，且以全面性的視野推動改革，避免原本經濟體制欠缺全盤性統合的問題，也擴及政治改革、社會改革、文化改革等各方面統籌思量。

以過去中國改革經驗觀察，「頂層設計」的概念早已蘊含其中。例如，1980年起始的經濟特區設置，便是以國際化視

野規劃，藉以拉高戰略位置；2001年加入WTO與國際經濟接軌，利用歐、美、日等已開發國家的資本技術，帶動國內的經濟改革。

時至今日，從2012年的十八大到2013年的三中全會，其所提倡的上海自由貿易示範區及福建平潭特區便是頂層設計的再次運用，為金融改革、投融資改革及開放資本帳鋪路，並向其他省市地區滲透和產生示範作用。因此，頂層設計對當今中國政府的重要性，不僅是能創造新型經濟的關鍵元素，更在於它是抗衡既得利益者與反對者的尚方寶劍。

促穩健成長的微刺激政策

以往，中國政府慣常於經濟成長趨緩之際推出以投資為導向的刺激方案，並鬆綁信貸管制，以提高投資與消費需求，而2008年為因應金融海嘯所推出的4兆人民幣刺激方案，即為最顯著的案例。

不過，刺激方案雖能在短期內帶動經濟成長率回升，但卻會造成更難以收拾的副作用，像是大量資金流入房地產市場、地方融資平台及產能過剩行業等缺失，導致民間借貸失衡及金融市場劇烈波動，景氣循環週期愈來愈短。

檢視現今中國房價高漲、部分產業產能過剩等現象，可

發現問題並非有效需求不足，而是資金找不到具有前景的產業作為出口，只好將過剩的資金流往房地產等無效率的去處。

2008年的擴大內需10項措施，固然成功拉抬經濟成長，但其所造成的通貨膨脹、金融無效率與產能過剩等問題，就是過於強調需求面管理，而忽視從創造新產業、開發新技術進行結構轉型的代價。

在吸取2008年經驗後，中國領導人的思維已悄然轉變。此跡象可從2012年第2季經濟成長趨緩之際，國務院敦促發改委針對投資項目加快審批力度，並在次季經濟呈現好轉時，便停止刺激力道可見一斑。

例如2013年7月下旬推出對小企業暫時免徵營業稅及增值稅，減輕出口企業的成本負擔，並加快中西部鐵路建設等一系列「微刺激」（mini stimulus）提振經濟方案。

其目的、方法與以往的經濟刺激方案不同，以持續輔助經濟結構轉型為主。除了控制產能過剩行業與高汙染行業成長外，並強調經濟結構調整與可持續發展的重要性。

「微刺激」資金來源雖由中央政府提供，但資金只是引導作用，而將更多的投資機會開放，交由民間機制自行運作。也就是政府簡政放權、改善服務、加強監管，降低人流、物流及資訊流等生產要素的成本，而民間力量可進一步舒緩資金不足的問題，最終透過效率的提升，增加長期經濟成長的動能。換句話說，在調結構的主軸下，政府不再是市場投資

的主體，逐漸轉變成規劃與監管要角。

因此，李克強於2014年3月5日人大會議中提出的任內首份工作報告，除了以2014年GDP目標值7.5％為主軸，細說各種經濟政策的思維及執行目標之外，並間接重申將延續2013年的「微刺激」方式，適時地為經濟成長增添動能。

此外，觀察近幾年來的國際重量級財經媒體，如美國《華爾街日報》、英國《經濟學人》、倫敦《金融時報》，在中國經濟的報導上，不只有一般民眾相當熟悉的GDP成長相關主題，更以相當程度的篇幅，長期關注與調結構密切相關的中國影子銀行及地方政府債務問題，並將其比喻為中國版的金融海嘯與主權債信危機。

中國影子銀行的崛起與發展

中國影子銀行的概念最早出現在2007年，當時主要指銀行貸款證券化及其衍生產品的市場。但近年來，影子銀行的「版圖」快速擴增、型態也愈顯複雜。

如今的影子銀行，泛指擁有類似銀行功能，卻又無法直接獲得中央銀行流動性和公部門信用擔保支持的金融中介機構。它不屬於「正規」的金融體系，獨立於傳統銀行體系監管之外，且具有借短貸長的期限錯配、高槓桿性、操作風險

大等特徵，因此潛藏其中的系統性金融風險不容小覷，也讓中國政府為避免國內可能引爆的信貸膨脹問題，管制商業銀行的程度，比起歐、美等已開發國家更為嚴格。

例如當國際間大多仍籠罩在一片寬鬆氛圍時，中國自2010年起，貨幣政策便由金融海嘯期間的擴張，轉為穩健型政策、監管單位透過窗口指導規範國營銀行放款額度，使銀行可貸資金受到限制，再加上銀行存款準備金率處於高檔，導致銀行體系資金配置效率下降，經營成本因而上升。

在此情況下，市場資金需求逐漸無法從傳統銀行體系得到滿足，從而轉向直接發債或影子銀行體系的管道，中國將此稱為「金融脫媒」，即為資金融通去中介化（包括存款和貸款的去中介化）。同時，為了在高度管制下尋求更高的收益，銀行業將貸款包裝成理財商品或透過銀信合作等受監管較弱的管道，流向資金需求者，皆助長影子銀行的規模擴展。

規模擴增迅速

廣義而言，目前中國影子銀行以非銀行金融機構貸款、銀行理財商品及民間高利貸等3種主要型態存在。

「非銀行金融機構貸款」指在企業發債的直接金融方式外，尚包含委託貸款、信託貸款等非透過銀行體系的貸款方式；「銀行理財商品」泛指銀行買入企業債券等中長期債券

後，再以較短的年期將證券分拆，賣給零售投資者；「民間高利貸」則代表民間的金融體系（見圖表7-1）。

這3種影子銀行擴張幅度都相當快。

就非銀行金融機構貸款而言，在2006年以前，社會融資總量中有將近8成資金是由銀行中介體系新增人民幣貸款所創造。然而，2013年1～11月銀行新增人民幣貸款占社會融資總量，卻因影子銀行的蓬勃發展而降至55.59％。

會出現此一現象，便是自2010年起，在金融管制的政策因素、資金壟斷及利率非市場化環境下，銀行傾向將這些貸款投放至信用風險較低的大型國營企業，促使資金需求孔急的中小企業無法從銀行體系取得所需資金，因此轉至影子銀行體系求援，形成金融雙軌制。

再看銀行理財商品的發展亦發現，鑒於人民銀行制定的利率水準偏低，但當時的通貨膨脹年增率又逐漸走高，形成實質利率為負，銀行儲蓄持續外流，導致銀行不得不加快腳步開發其他理財產品以穩住業務[1]。

至於民間借貸的部分，則是早在1990年代中後期，就已出現非法集資案。2006年官方曾公布中國民間融資規模為人民幣9,500億元，占GDP達6.96％。

---

1. 銀監會報告顯示，截至2013年9月，中國發行的理財產品共計38,152種，理財商品餘額計人民幣9.9兆元，而且過去4年，以平均每季48.1％的速度成長。

圖表 7-1　影子銀行體系與貨幣市場及存貸市場的關係

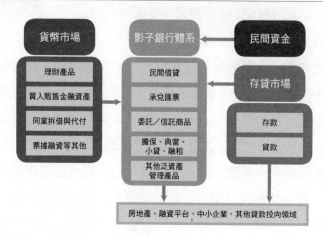

資料來源：元大寶華綜合經濟研究院整理

　　為抑制非法借貸風潮盛行，人民銀行先後推出《非法金融機構和非法金融業務活動取締辦法》、《關於人民法院審理借貸案件的若干意見》及《中國人民銀行關於取締地下錢莊及打擊高利貸行為的通知》，規定「禁止吸收他人資金用於放款，民間個人借貸利率不得超過官方正規利率的4倍。因參與非法金融業務活動所蒙受的損失，由參與者自行承擔。出借人明知借款人為進行非法活動而融資，其借貸關係不予保護。」

　　即使法規如此明白揭示，但2011年9月30日中國國際金融有限公司的《中國民間借貸分析》報告仍指出，近2年民

間借貸規模大幅上升3.8兆元，占當年度GDP的8％。且這些民間借貸具有3大特徵：其一是範圍廣泛，從4年前的江浙沿海擴展到內陸地區，也從製造業領域轉向商貿流通與普通家庭；其次為利息偏高，部分民間拆借年息已超過100％；第三是參與者眾，甚至有銀行資金也充當民間拆借。

巨大利差的誘惑

中國的影子銀行之所以蓬勃發展，主要與利率尚未市場化有關。

實務上，它將原本屬於銀行的業務，透過未受監管的管道滿足市場融資需求（也就是將原本單純的資金鏈拉長）。其風險在於，若融資企業經營不善而無法償還貸款時，終究會對銀行產生衝擊。

以民間借貸最為盛行的溫州地區為例，根據2011年7月21日人民銀行溫州中心支行公布的《溫州民間借貸市場報告》顯示，2011年6月份溫州民間借貸年綜合利率為24.4％，遠高於當時6個月～1年（含1年）的銀行貸款基準利率6.56％。

巨大的利差讓許多企業將銀行信貸資金投向民間借貸市場，而信貸資金大多來自銀行對大型企業的放款。因此，中國的影子銀行雖可為中小企業解決燃眉之急，但過高的利率水準拉高企業融資成本，自然潛伏著違約風險，一旦某環節

出問題，不僅資金難以歸還，更可能引起4大系統性風險。

4大潛在系統性風險

首先，影子銀行降低銀行貸款占社會融資總規模的比例，影響了貨幣政策有效性。2012年人民幣貸款占整體社會融資總規模的比重僅為52.1％，與2009年相較，下滑17個百分點。不只降低過去人民銀行以窗口指導規範國營銀行放款量的政策效果，亦有可能形成銀行貸放金額緊縮，但社會融資規模仍然增加的情況。

第二，影子銀行削弱了房地產調控政策的效果。2010年底，國務院提案處理地方政府融資平臺和房地產貸款，但地方政府、銀行與房地產企業等透過不同方式的合作規避政策限制，使近期銀信合作金額明顯成長，且多半流向地方融資平台與房地產市場。

第三個風險，則為金融體系最擔憂的流動性風險。由於資產池類理財產品業務是銀行、信託公司等，將多種理財商品募集的資金放在一起形成資金池。但對應多個信託項目所組成的資產池，卻因為資訊揭露不對稱，且理財商品與投資標的到期日不同，易產生流動性風險。

最後一個風險，來自於影子銀行迅速膨脹。部分企業為追求高收益率，將從銀行貸得的大量資金投入影子銀行體

系，而非實體經濟，形同資金從實體經濟中流出，不利產業發展。此外，影子銀行提高了社會融資成本，同樣損害到實體經濟。

在影子銀行的4大風險中，尤其要留意資產池類理財產品所造成的風險。在銀行理財商品中，近年來的信託基金銷售十分熱絡，銀行透過與信託公司的合作，吸收大量資金，總規模達到人民幣7.5兆元，已超越保險業，成為金融體系的第2大資產類別。

值得注意的是，2012年的信託基金有大部分資金投向地方融資平台，但該平台多數基礎建設項目無法達到10％以上的投資報酬率，未來可能無力償還信託貸款，甚至連利息都無法支付，產生的信用與流動性風險不容忽視。

況且，與銀行貸款不同的是，信託基金一般年限為2～3年，屆時需要將資金返還給投資者。但信託公司資本遠低於銀行，且無法從人民銀行直接獲得融通，要是有1～2個理財商品發生問題，整個信託基金將面臨違約的困境。

理財產品銷售機制問題多

銀行理財產品在銷售機制方面同樣隱藏著不少風險，像是理財產品無法單獨核算投資收益、流動性風險、表外資產與負債、訊息不透明及契約規範不明確等，都直接衝擊廣大

投資人的權益。

以無法單獨核算投資收益來看，由於銀行規模龐大的資金池理財模式，讓許多理財產品募集的資金，被導向同一資金池進行投資，資金來源和資金運用管道難以逐一比對，因此無法單獨核算每單位理財產品投資的收益，可能會造成銀行資金池理財產品的風險和收益難以相互對應，進而出現銀行在不同理財產品間轉移利益，損害投資人的權益。

再者，目前多數理財產品期限在6個月～1年之間，而對應的資產池可能流向貸款、債券等期限較長的資產，顯現長短期限上的錯誤配置。若理財產品發行時間和到期時間安排不當，或理財產品持續借短貸長，一旦出現週轉困難，就可能引發銀行「資不抵債」的流動性風險。

此外，在銀行資金池理財模式下，存款轉為銀行表外業務（負債的表外化），且銀行資金池理財產品所投資的資產，也同時被記錄在表外（資產的表外化）。這種銀行資產與負債的表外化，讓主管機關難以監管，也可能產生表外、表內業務所生的交叉風險。

銀行與投資人權益不對等

至於，訊息不透明和契約規範不明確的情況，也是屢見不鮮。

　　銀行資金池理財產品在發行時往往僅簡略說明資金投向，對於具體投資品種、投資比例、風險情況、存續期間的盈虧狀況等訊息披露不足，投資者對投資的產品缺乏充分的了解。

　　此外，銀行資金池理財業務本應屬於代客理財，客戶應獲得扣除必要費用外的全部投資收益，並自行承擔全部投資風險。但依目前操作方式，若資金池投資收益超過發行時的預期收益，則剩餘收益將歸銀行所有，在某種程度上，將鼓勵銀行投入高風險業務，使該理財業務存在道德風險。

　　也因為目前銀監會對銀行負債表外理財產品的規範較薄弱，所以倘若上述任一項銀行理財產品銷售機制的風險爆發，銀行將面臨違約，進而引發理財產品贖回潮，造成銀行的流動性問題。

　　中國確實曾因此發生零星風暴。例如，2012 年 12 月華夏銀行上海嘉定支行便發生無法兌付所銷售的理財產品的情況。

　　這款產品從 2011 年 11 月 25 日～ 2012 年 3 月 2 日期間分 4 期銷售，額度均以人民幣 50 萬元起跳，每期皆承諾 11 ％～ 13 ％的預期收益率。但在爆發履約爭議時，華夏銀行發表聲明指出，該行未發行此項產品，亦非代理銷售，未與資金需求者中鼎公司簽訂任何協定。整起事件的爆發，凸顯出銀行改革流程和管理體制（包括監管系統、流程或監管體系）的不健全。

利率市場化方能解決問題

中國的影子銀行規模究竟有多大？目前尚無一個可為各方均認可的精確統計。

若考量2012年社會融資總量扣除新增人民幣貸款約人民幣7.5兆元，加上銀行理財產品餘額約7.1兆元，信託資金約8.73兆元，民間借貸約4兆元，大致可推算出影子銀行的規模應在人民幣27.33兆元左右，占2012年GDP約5成，亦占銀行存款總量（90兆）近3成之多。

國際監管機構金融穩定委員會（Financial Stability Board，FSB）於2012年11月發布的《2012年全球影子銀行監測報告》，以美、中、英等20個具有代表性的國家進行估計，截至2011年，全球影子銀行體系資產規模已增至67兆美元，超過金融海嘯期間的62兆美元。其中，又以新興市場的影子銀行體系資產規模增速較快，中國更以非銀行信用中介總資產規模增加0.4兆美元，位列成長最多的國家之一。

歸根究柢，中國的影子銀行在近年來會快速成長，主因來自於利率尚未完全市場化。雖說，人民銀行已於2013年7月20日發布《關於進一步推進利率市場化改革的通知》，決定全面開放金融機構貸款利率管制，但存款利率至今尚未開放，使得銀行存款利率仍然被抑制在偏低水準，造成居民存款利率低於物價上漲率，面臨負利率窘況。為活化閒置資

金，居民仍選擇將資金投入高於存款利率的銀行理財及信託
產品，推升影子銀行的規模。

對此，《中共中央全面深化改革決定》（以下簡稱《決
定》）提出將完善金融市場體系，「加快利率市場化的步
伐……建立存款保險制度，完善金融機構市場化退出機
制」，暗示要從根本上化解影子銀行風險，就必須仰賴金融體
制改革。不但要加快發展多元資本市場，也應提高直接融資
比例，進而優化社會融資結構。而且，在開放存款利率前，
允許商業銀行開展資產證券化、發行大額存單等，以促進不
同類型、不同層次的金融產品發行，讓個人享有更多投資管
道與財富收入。

關鍵解方：金融創新與改革

然而，在利率尚未市場化的現階段情形下，銀行透過表
外操作吸收存款與放款依舊能獲得可觀的利差收入，但部分
影子銀行在短期內將於市場化的過程中面臨挑戰。

過去由於利差頗佳，許多貸款公司、典當行、小額貸款
基金積極為中小企業提供存、貸款服務。倘若未來存款利率
市場化，存款利率將因市場競爭而走高，影子銀行以往賴以
生存的模式便不可行，眾多的小額貸款公司可能倒閉。

所以，《決定》亦提到：「鼓勵金融創新，豐富金融市場

「層次和產品」將成為未來影子銀行業務的轉型關鍵。

因為利率市場化的國家，存貸款業務單純、金融市場活躍，資產證券化盛行，金融創新能力強，金融家善於發現市場上的利差機會，並進一步創新組合出售，展現金融高效率。但中國的銀行業仍然存在大量不良貸款，使得資金存量流於僵化，需要透過更靈活的次級市場交易，此類資產才有被盤活的可能。

因此，目前較重要的金融改革在於開放銀行業，使市場參與者加入金融競爭，才能提高銀行體系的經營效率。

《決定》便強調「必須毫不動搖的鞏固和發展公有制經濟，堅持公有制主體地位，發揮國有經濟主導作用，不斷增強國有經濟活力、控制力、影響力」，降低短期內國營銀行民營化的期待，但亦提到「允許更多國有經濟和其他所有制經濟發展成為混合所有制經濟」，意味著未來國營體系仍為市場的主體，但有機會引入更多民間資本的活水，進一步進行結構改革。

升高中的中國地方債風險

與影子銀行「打斷骨頭連著筋」的地方政府債務[2]問題，也是中國經濟運作最大的風險之一。

　　過去20年，中國以政府投資加持經濟成長，締造出傲視全球的佳績，卻也埋下中國版政府債務危機的隱患。

　　為因應投資所需，地方政府自1979年開始舉債，當時僅有8個縣區舉借債務。其後，各地開始陸續舉債，至1996年底，全國所有省級政府、392個市級政府中的353個（占90.05％）及2,779個縣級政府中的2,405個（占86.54％）皆舉借債務。至2010年底，地方政府舉債比例已超過90％，全國只有54個縣級政府未舉借債務。

　　在地方政府舉債普及化的同時，債務金額也隨著建設需求及政績競賽而逐年提高。從1997年地方政府債務年增率達24.82％後，1998、2002、2007及2008年更分別以48.2％、33.32％、28.32％及23.48％的速度累積。

　　時至2009年，又為了配合國務院因應金融海嘯衝擊，所推出的4兆人民幣刺激經濟計畫，地方政府在保障性安居工程、農村基礎設施建設、鐵路公路及機場重大基礎設施建設

---

2. 地方政府債務是指地方政府透過正規與非正規管道進行融資，用以支持地方基礎設施、交通運輸及公共服務等建設。其包括合法債務、非法律允許債務、具有擔保責任的合法及非合法債務（如同隱形債務）4種。一般官方所認可的債務，主要是指政府的合法債務，此類債務列入財政預算編列，並經過一定法定程序批准，其規模經由各部會精算後可事先預見，且需按照法律契約規範，透過財政收支按期償付。至於其他的3類債務則是在特定條件發生時，政府出於職責、道義、信譽和公益要求，必須間接承擔的債務，此類債務來自於預算外，無法核算又非當期發生，但仍然必須承擔。而所謂的地方債務風險，即是指地方政府在各種不確定因素影響下發生償債危機，進而造成經濟、社會不穩定及地方發展受到損害。

等項目上，大興土木，使當年度地方政府債務年成長率飆升
至61.92％（見圖表7-2），債務問題幾乎一發不可收拾。

縱然自2011年起，中國人民銀行採取緊縮的貨幣政策，
放緩了地方政府債務的擴張速度，但依中國審計署統計，截
至2013年6月底，地方政府債務較2012年底成長12.6％，
幅度為中央政府債務的3倍，債務總額更相當於中國GDP的
1/3，顯見問題持續惡化，也促使2013年年底召開的中央經濟
工作會議，首度將有效紓解地方債壓力列為2014年6大經濟
任務之一。

分稅制：引發地方財權與事權失衡

嚴格說來，財政體制長期不符社會發展所需，卻又勉強
運作，為地方債的首要成因。中國為解決地方政府藏匿稅
收，未如實核報上繳的問題，於1994年起採行分稅制，將全
國主要稅收項目回歸中央，但交通建設、教育、衛生、環保
等重大支出項目，卻由地方政府全權負責。

在中央政府移轉、支付制度不完善的情況下，地方政府
的財權與事權嚴重失衡，財政收入僅能維持基本政府開支，
被迫透過其他管道直接或間接籌措資金，進而發展出以地方
城市建設投資公司（城投公司）為主的地方政府融資平台[3]。

只是，此機制固然讓各級地方政府得以舉債投入市政建

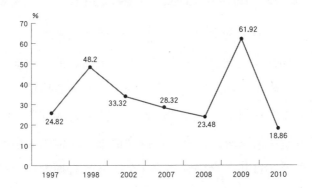

圖表 7-2　1997 年以來中國地方政府債務餘額成長變化

資料來源：中國審計署

設、土地收儲、交通運輸建設、保障性住房等項目，亦有效
舒緩1997、2008及2012年國際經濟危機對中國經濟的衝擊，
但因舉債程序與管道未受嚴謹監管，地方政府大量舉債投資
不只浮濫，更加劇財政失衡。截至2013年6月，地方各級政
府投入市政建設、土地收儲、交通運輸設施建設、保障性住
房等項目的債務餘額高達10.11兆人民幣。

_____

3.　所謂地方政府融資平台公司是指地方政府發起設立，透過劃撥土地、股
　　權、規費、國債等資產，快速規劃出一個資產與現金流均可達融資標準的
　　公司，必要時再輔以財政補貼作為償債承諾，以利融資。而地方政府融資
　　平台多以城投公司的型態，為教育、公路運輸、社會福利、市政建設、工
　　業援助等公共服務設施，提供充裕資金。

GDP競賽：助長地方政府借債投資

再者，地方政府缺乏合理發債機制，籌資管道受到限制。自1995年《預算法》實施，明令地方政府不得發行債券後，地方政府便透過城投公司、銀行貸款與政府擔保等方式舉債，造成當前龐大的隱性債務。即使從2009年起，地方政府終突破《預算法》約束，獲得發債權力，但仍由財政部代發；直至2011年，全中國方有4處地方政府獲准自行發債，2013年則增加至6個。

不過，財政部公布的《2013年地方政府自行發債試點辦法》明定，地方政府發債由中央財政主導，其自行發債規模、用途等均由中央規定，讓自主發債徒具形式，地方政府在發債問題上仍無自主權，僅介於代理發債與自主發債的中間模式。

近20年來禁止地方政府自主發債的結果，不只無法讓地方政府財政走向健全，反倒使其想方設法的繞道融資及舉債，造成當前巨額的隱性債務。顯然，中央與地方政府對自行發債制度出現不小的供需落差，導致地方債務風險漸增。

此外，中央與地方政府的偏好與思維模式分歧，也是助長地方政府債台高築的重要因素。

長期以來，地方政績考核以個別GDP表現論英雄，使得中央與地方在經濟發展與提供公共服務等方面，存在顯著差

異。前者主要思維在保持社會穩定與經濟發展，著重整體經濟規劃；但後者渴望經濟高速成長，強調微觀與局部性。

因此，在地方政府自主發債議題上，中央憂心若地方各級政府自行發債，將加速債務危機爆發；地方政府顧慮若無法自行發債，會讓地方經濟陷入僵局，導致官員晉升受阻等。

償債高峰期：地方政府壓力大

如今看來，在財政體制缺陷與中央、地方同舟卻不同心的情況下，部分地方政府投入公共建設項目時，未能審慎評估自身是否有足夠償債能力，導致債務黑洞持續擴大，也讓中央不得不出手嚴管。

中國國務院在2011年即針對化解地方政府債務風險，做出若干指示；接著財政部對地方政府舉債融資制度，訂定地方自行發債試點辦法，並在國務院批准發債規模的前提下，選擇上海市、廣東省、浙江省與深圳市進行試點，放寬融資管道，以降低銀行風險。

此外，中國人民銀行亦自2013年起的每季貨幣政策執行報告中，將地方政府債務問題列入風險控管與監測，強調以市場化方式解決地方政府債務問題，並嘗試建立管理規範、財務透明、風險可控的地方舉債融資機制。

不過，由於2012年起，中國各級地方政府融資平台進入

償債本息時期，且2014年償還金額近2.5兆人民幣（見圖表
7-3），等於有超過3成的地方政府財政收入，將用於支付所借
貸債務本息。如此高額的償債金額，可能會增加中國地方政
府財政支出困境，進而影響地方政府投入公共建設投資。

即使2012年國務院曾下發「非公三十六條」，希望鼓勵
民間資本進入地方基礎設施建設與公共服務領域，讓地方政
府能有喘息空間。但是，目前公共服務領域依然屬於政府主
導，民間資本處於資訊不對稱的交易方，使得民間資本在營
運風險高及長期被壓制的保守狀態，對參與公共服務方面興
趣缺缺，無法接力挹注投資動能。

再加上稅收隨著經濟持續放緩而減少，地方政府在銀行
融資受限下，承擔主要基建任務的地方政府融資平台，只能
繼續透過債券、信託等途徑融資。假設地方政府為追求短期
業績而採取非正規融資管道，不僅融資成本高、債務風險
大，一旦資金鏈斷裂，便可能快速傳導到銀行等金融體系，
引發極大的金融風暴。

通盤性改革：地方債問題治本之道

從現況觀之，地方政府債務在諸多條件限制下，難有監
管著力點，債務規模只會持續加大，亦讓地方債務風險成為
中國執政當局揮之不去的夢魘。

圖表 7-3　政府債務需償還餘額與其占 GDP 比

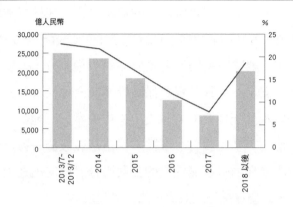

資料來源：中國審計署

　　不過，根據中國審計署公布的3項數據——2012年底
全國政府負有償還責任債務餘額占當年GDP（國內生產毛額
為51.89兆人民幣）比為36.74％，低於國際慣用60％的負債
率標準；政府外債餘額為4,733.58 億元，占GDP的比率僅為
0.91％，低於國際通用標準20％；全國政府負有償還責任債務
的債務率為105.66％，仍處於IMF明定的債務率控制標準參考
值範圍內，顯示現階段政府債務還不致於有立即的信用違約
風險。

　　但卻也凸顯出政府債務風險不在於規模，而在於能否有
效控制快速增加的流量，特別是地方政府雖知債台高築之
險，但因難以放下GDP的競逐迷思，深陷借債投資所創出的

成長夢幻中,不可自拔。

因此,中國地方政府債務的治本之策,在於打破體制約束,轉變政府職能並扭轉以GDP為核心的政績考核機制。

其次,調整中央與地方政府間的事權劃分,如國防、外交、國家安全、武警及養老保險等屬於全國性公共服務及具有調節收入分配性質的財政支出由中央承擔,地區性交通、警察、消防、基礎教育、環保、城市基礎設施、醫療保險、就業及失業保險等區域性質的公共服務財政支出則由地方政府負責,以便提高行政效率、降低管理成本。

至於中央與地方共同管理的事務,例如跨區鐵路、公路、江河治理、森林保護、高等教育等,具有跨區域外部性的公共服務的財政支出,則在釐清主要與次要責任後,按比例分擔。

此外,進行《預算法》修訂、落實地方政府的發債自主權,並建立地方政府信用評級等基礎性工作,亦刻不容緩。唯有從上到下進行通盤性的改革,才能讓地方政府走出現有的融資慣性,促使地方建設與發展回歸可長可久的軌道上,真正成為中國結構轉型的助力。

經濟中速成長的為與不為

然而，中國經濟結構轉型的難度極高，猶如在高空鋼索上前行，步步驚心。2014年1、2月經濟統計數據不佳，更影響各界對調結構的信心，導致國務院總理李克強在3月中旬的兩會工作報告中，再三強調中國政府必定在「穩增長」與「調結構」之間尋求平衡點，不會有所取捨，並重申中國經濟成長率的目標仍為7.5％。

此舉一方面向市場傳達習李政府沒有因經濟數據不佳而亂了章法，中國經濟發展將按照既定計畫前進，維持前任國家主席胡錦濤所說「2020年實現國內生產總值較2010年翻一番」的目標。也由於此目標相當於2011～2020年平均實質GDP成長率為7.2％左右，因而設定一個略高於7.2％的成長目標，展現出中國政府對經濟的調控，仍在計畫當中。

另一方面，就是要穩定廠商信心。由於中國官方與匯豐製造業採購經理人指數中的就業指數，在2012年下半年大多落在象徵收縮的50分界點之下，顯見就業市場不若先前健康。就業指數偏低，既是受到大環境不佳與產能過剩拖累，亦表示廠商對經濟前景沒有把握，甚至擔心經濟下行風險加大，所以在勞動雇用上相當保守。此時，政府宣布一個7.5％的中速經濟成長目標，將可維繫廠商信心與就業市場穩定，避免因勞動市場不健康而影響薪資成長及消費者信心，進而

危及經濟轉型的成效。

在具體的經濟成長數字之外，李克強亦對調結構的2大軸線 ── 金融改革、城鎮化提出說明，但內容卻處處透露出動輒得咎的兩難。

以國際金融市場引頸期待的外匯及利率市場化為例，人民幣區（RMB Bloc）在亞洲已逐漸成型，中國資本帳開放可謂是箭在弦上的必然，但人民幣供需嚴重失衡的現況，卻讓中國至今仍不具備資本帳開放的條件。尤其是人民幣已成為國際投資人利差交易的首選貨幣，假若中國無法導正市場對人民幣升值的過度預期，開放資本帳不僅無法達到健全市場發展的效益，反而會引入大量的熱錢，形成國內資產價格泡沫化的問題。因此，中國人民銀行於2014年農曆年過後，刻意引導人民幣持續貶值，無非就是要改變市場一面倒壓寶人民幣升值的做法。

再者，中國的存款利率沒有市場化，造成民眾的存款資源高度集中在風險較低的國營銀行，使民營銀行難以與國營銀行抗衡，亦讓中國資金體系缺乏效率。但存款利率市場化又容易形成惡性競爭，影響到存戶的權益，甚至引起金融動盪。所以，在未建置好存款保險機制之前，存款利率市場化仍舊只是政策文件中的書面文字。

此外，為因應城鎮化所需，中國2014年的財政赤字預算將進一步擴大為1兆3,500億人民幣，但有別於過去大肆進行

造橋鋪路工程，政府將減少經濟建設性支出規模、增加社會福利性支出比重。同時大力進行財政體制改革，減少一般企業的稅負，藉此提高企業競爭力並刺激經濟成長、建立一套完善合理的政府財務會計準則，以徹底解決地方政府債務監管問題等。

換句話說，為了走出過去倚賴投資、出口帶動經濟成長，所形成經濟結構失衡，中國未來在調結構的過程中，將以制度、人口、技術、資本、效率等，做為推動經濟成長的根本動力。

只是，少了政府強大且持續性的需求面支持，僅以「微刺激」政策維穩的情況下，中國經濟成長低於長期平均的情況，將成為短期內的常態。而仰賴中國快速經濟成長帶動的國家，都將被迫正視及解決自己經濟體內的結構性難題。

第 8 章

台灣的經濟與未來

受次級房貸風暴擴散的影響，全球經濟與金融市場陷入
1930年代以來最嚴重的劇烈震盪。為穩定經濟與金融
體系並挽回市場信心，美國、歐元區、英國與日本等主要經
濟體央行遂自2008年起積極地降息，並開始採行大規模的非
傳統性貨幣政策。

由於，這些政策堪稱金融史上的「創舉」，亦讓學術界在
過去數年間，興起一波研究非傳統性貨幣政策成效的熱潮，
但這些文獻對非傳統性貨幣政策的效果，尚無確切定論。

非傳統性貨幣政策不是萬靈丹

有些研究指出，全球經濟若沒有非傳統性貨幣政策支
撐，將會因金融海嘯而陷入混沌狀態，甚至不排除會重蹈
1930年代全球經濟大蕭條的危境；但亦有些研究指出，已開
發國家的寬鬆貨幣政策和非傳統性貨幣政策所產生的大量熱
錢，並未流入對實質性生產有幫助的領域，反而大量流入資
本和外匯市場未臻成熟的新興經濟體，並對這些新興經濟體
的信貸、匯率和資產價格產生負面的擴散效果。

巴西財政部長蒙迪嘉（Guido Mantega）於2010年時
便直指，已開發國家的非傳統性貨幣政策形同「貨幣戰爭」
（currency war）。因此，金融海嘯後已開發國家央行所採行的

極度寬鬆貨幣政策，也不必然有益於全球經濟。

隨著寬鬆貨幣環境的持續，不只受到熱錢衝擊的新興經濟體對「貨幣戰爭」有所感，已開發經濟體的領導人亦認知到各國採取極度寬鬆貨幣政策可能引發的負面影響。因此，在2010年11月的20國集團（G20）高峰會公報中，已明確責成金融穩定委員會（FSB）、IMF及BIS研究如何緩解國際熱錢過度流動的總體審慎政策框架（Macroprudential Policy Frameworks）。

寬鬆貨幣對台灣經濟的影響

然而，近年來的全球寬鬆貨幣政策，對台灣造成什麼樣的影響？台灣又是如何因應？結果如何呢？

信心危機高漲，金融運作失靈

在金融海嘯初期，全球各地大多面臨全面性緊縮銀根的情況，導致銀行作為金融體系資金中介的角色蕩然無存。但現代經濟是一個高度仰賴金融體系維持的經濟體系，少了銀行扮演資金中介的角色，2008年的經濟便像失去安全閥的電梯般，急速下墜。

　　所幸，主要國家推出的量化寬鬆政策，即時化解銀行間因為互不信任所帶來的市場流動性緊俏、信貸擠壓難題，對當時的全球經濟產生莫大的穩定助益。

　　以雷曼兄弟倒閉為例，當時衡量美國金融體系統風險的TED利差，在2008年9月1日至10月10日間，由1.10％快速上升至4.64％，其後則因各種非傳統性貨幣政策的運轉而回跌，顯示金融體系資金壓力獲得紓解。

　　因此，倘若當時主要國家的央行沒有採行非傳統性貨幣政策，全球經濟崩壞的程度可能不僅於此。那麼，與已開發國家經濟榮枯連動性高的台灣，經濟衰退的幅度只怕難以想像。所以，就經濟成長的角度來說，金融海嘯初期各國央行的非傳統性貨幣政策避免了更大的災難，也為全球經濟復甦留下一線生機。

QE效應遞減，經濟成長膠著

　　那麼，金融海嘯後期、被喻為金融史上規模最巨大的量化寬鬆政策（美國聯準會自2009年起所啟動的三輪QE），對全球和台灣的經濟成長又產生何種影響？

　　從學理來說，由於QE屬於非傳統性貨幣政策，大多數經濟預測模型極難有效量化該政策的成效。但QE推出若真的產生效益，將會讓這些機構的模型預測失準，進而促使其上

修經濟成長率預測。同理，如果預測機構沒有調整其經濟預測，則代表QE的經濟效果不大[1]。

在QE1推出前，無論環球透視或行政院主計總處，均趨勢下修2009年全球與台灣經濟成長率預測。但當QE1推出後，兩機構分別自2009年8月起大幅上修2009及2010年全球和台灣經濟成長率預測。由此可知，QE1時期的聯準會寬鬆貨幣政策，的確發揮顯著支撐全球和台灣經濟成長的作用。

QE1的成效之所以如此顯著，主要藉由3種管道傳遞。首先，是壓低債券殖利率。

由於QE1直接收購資產，有效壓低長天期債券實質殖利率，縮小長短期債券利差。同時，QE1也具備傳達央行將持續進行寬鬆貨幣政策的功能，讓投資人延後對未來升息時點的預期，加大長天期債券實質殖利率下滑幅度。

而殖利率下滑不僅意謂著市場對風險性資產的報酬率要求減少，有助於推動資產價格上揚、創造財富效果，亦能減輕消費者與企業的實質信用成本，降低信用利差，進而達到提振民間消費與企業投資意願，刺激國內需求的效果。

其次，QE1提高金融體系內銀行的流動性，讓銀行可貸

---

1. 由於Fed的QE已是確定發生之事，縱使運用反事實模擬（counterfactual simulations）方法推演，各界仍不易確知「假設」Fed沒有施行QE時，全球經濟會如何。因此，欲解析QE對經濟成長的影響時，較簡便的做法是比較預測機構在每輪QE推出前後，對全球與台灣經濟成長的預測是否出現上修，藉以判斷QE對全球及台灣經濟的成效。

資金部位增加，促進民間信用活動、刺激內需，對經濟成長帶來助益；最後，QE1收購房地產市場相關的資產（機構債與MBS），亦有修復金融市場特定部門運作機能的作用。

進入QE2時期，環球透視與行政院主計總處皆於QE2推出後，一度上修其對於2011年全球與台灣經濟成長率的預測，2011年5月時分別預測全球和台灣經濟成長率達3.5%及5.06%，較2010年11月時預測提高0.2及0.55個百分點，但此幅度遠不及QE1時期，顯見QE2的推出雖有助於全球與台灣經濟，但成效已經遞減。

至QE3時期，兩機構對全球與台灣經濟成長率的預測，不只沒有因QE3的推出而上調，甚至呈現趨勢下調的情況。

兩機構於2012年11月時，分別預測2013年全球與台灣經濟仍可成長2.6%及3.15%，但2013年11月卻下調至2.4%及1.74%（見圖表8-1）。由此可知，QE3對全球及台灣經濟成長的激勵成效遠不及QE1及QE2。

整體而言，主要國家寬鬆貨幣政策確實有助於全球與台灣經濟，但卻也出現效果遞減的事實，QE3的相關措施幾乎沒有發揮提振全球景氣的作用。

三輪QE拉動經濟成長的幅度，會有這樣的落差，是因為QE1時期的主要國家長天期債券殖利率仍在相對高點，大量買進長天期債券和針對性地買進房市相關資產，可對經濟成長產生助益；但是當QE3推出時，美國10年期公債殖利率已

圖表 8-1　2013、2014 年全球及台灣經濟成長率

圖表 8-1　2013、2014 年全球及台灣經濟成長率

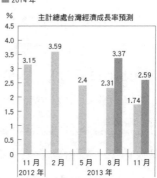

資料來源：行政院主計總處、IMF

經降至1.6％的歷史低檔、房地產市場也已回溫，使得聯準會即便持續大量買進資產，對經濟的助益也不若前2次QE時期。

匯率面：央行積極因應，台幣匯率穩定

主要經濟體採行傳統性與非傳統性寬鬆貨幣政策，勢將影響其匯價走勢。

具體的管道包括大幅壓低借貸成本，拉大與未實行極度寬鬆貨幣政策國家之間的利差，進而壓低該等國家匯價；其次，在需求固定的情況下，採行非傳統性貨幣政策的國家大

量擴增貨幣供給，從而壓抑該國匯價。

這即是美國、歐元區、日本及英國，為何從2009年3月至今，一直是主要已開發國家中匯價相對疲弱者，而其他貨幣大多呈現相應走強的原因；新台幣對美元匯率在2009年3月至2013年12月31日，升值達14.26%，亦是同樣道理。

不過，新台幣對美元雖然呈現顯著升值，但若進一步觀察同時期的實質有效匯率，便可發現在央行採取動態穩定的匯率政策下，新台幣實質有效匯率縱使自2009年3月起累計升值4.1%，該期間的波動性卻比亞洲鄰國低。因此，嚴格說來，主要國家央行的寬鬆貨幣政策並沒有讓台灣外匯市場出現不穩定的現象（見圖表8-2）。

回顧過往，各國央行實施寬鬆貨幣政策時，台灣外匯市場能獲得相對穩定，固然可喜，但未來新台幣外匯市場面臨的挑戰可能比過去幾年更大。

後QE時代展開，日圓角色吃重

過去幾年，主要國家幾乎是同步實施極度寬鬆貨幣政策，但隨著各國經濟復甦的速度不一，使主要國家間的政策鬆緊出現差別，而各國寬鬆政策的強度差異（兩國流通貨幣比），便成為決定兩國匯率強弱的關鍵。

以對新台幣影響最大的美元與日圓為例，金融海嘯後的

圖表 8-2 亞洲主要國家實質有效匯率指數

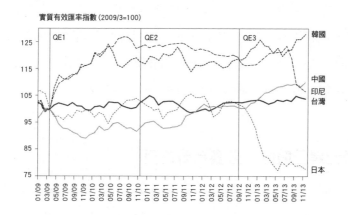

實質有效匯率指數（2009/3=100）

資料來源：BIS、元大寶華綜合經濟研究院

日圓對美元走勢與兩國流通貨幣比成正向關係。當美國實行QE時，日美流通貨幣比因美國貨幣供給增加而下跌，推升日圓兌美元明顯升值。即使日本亦有漸進式的量化寬鬆政策，卻因力度不及美國，導致日本對美國流通貨幣比趨勢向下，使美元兌日圓相對弱勢。

不過，隨著2012年9月安倍晉三接任自民黨黨魁，並宣示將大力推行寬鬆政策後，美元兌日圓率先轉強，至2013年年初，日本對美國流通貨幣比更轉向上升，加速美元兌日圓的升值。2013年4月4日，BoJ不只推出QQE，更誓言2年內達到2％通膨目標，與美國啟動QE3減碼形成反差，也使日本

成為當前執行非傳統寬鬆政策力道最強的國家。

在此情勢之下，不僅日本成為未來匯率走向弱勢的國家，並將連動全球各主要國家，特別是亞洲地區各國之匯率發展。由於亞洲各國出口商品的關聯性高，日圓對美元匯率的走弱，也將變相影響亞洲各國的出口發展。

韓元是否競貶，影響台灣甚巨

在亞洲國家中，與日本出口相似性最高、互補性最低的國家是韓國，兩國的出口商品相似度高達62.76。所以，當日圓走弱時，韓國出口產品價格競爭力將相應減損；相對的，兩國出口商品僅有39.97的低互補性，則代表當日圓走弱及出口競爭力提升時，韓國難以因此受惠（可參考第3章）。

反觀台灣，因為與日本的出口相似性與互補性相當（前者為51.99、後者為48.39），使得日圓走弱時，台灣出口競爭力雖受衝擊，但程度不及韓國，且日圓貶值帶來的日本進口品跌價效應，為台灣帶來的利益亦高於韓國。

換言之，由於弱勢日圓將對韓國經濟帶來頗大的負面衝擊，在捍衛出口競爭力的考量下，日圓走弱可能誘使韓國政府同步展開弱勢匯率政策，導致與韓國出口相似度高的國家，面臨競貶與否的難題。

例如和韓國出口相似性以63.73居亞洲各國之冠的台灣，

在韓元可能因日圓大幅貶值而趨貶下，台灣出口將受韓元貶值衝擊，成為弱勢日圓的間接影響者。

所以，縱然韓國並非我國主要貿易國，在計算實質有效匯率時的權重占比不大，但因兩國存在高度競爭關係之故，讓新台幣實質有效匯率即便能比照三輪QE時期，於2014年力求穩定，卻可能藏著韓元跟進日圓貶值的變數。

利率面：資金去化不易，弱化升息效益

屬於小型開放經濟體的台灣，利率政策除了考量自身經濟基本面與物價變化外，也常易受其他國家牽動。

如當雷曼兄弟破產後，主要國家央行採取積極的寬鬆貨幣政策，台灣央行旋即跟進，自2008年9月起開始降息，自3.625％下調至2009年2月的1.25％，之後更一路維持極低的利率水準，直到2010年6月因台灣經濟回穩及物價回升等因素，才開始緩步升息至1.875％。

雖然台灣升息的腳步領先其他已開發國家央行，但貨幣環境仍相當寬鬆。此點可從近年來台灣隔夜拆款率和10天期RP利率明顯低於央行重貼現率看出（見圖表8-3），也暗示全球貨幣寬鬆環境與台灣金融業資金去化不易造成的大量濫頭寸問題，仍將間接弱化央行貨幣政策成效。

圖表 8-3　**央行重貼現率與貨幣市場利率**

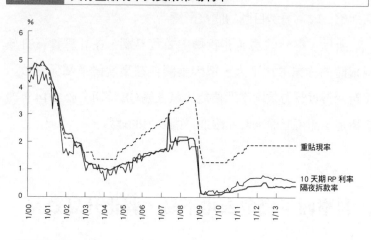

資料來源：Bloomberg

　　然而，若將台灣流動性氾濫的情況，皆歸因於寬鬆貨幣政策大行其道，並不恰當。因為只消觀察台灣與美國、德國公債殖利率可知，台灣公債殖利率雖然會隨著美、德債券波動，但由於近年來進出台灣的熱錢並不顯著，使台灣債券殖利率的波動性遠較其他國家為低。

　　因此，目前台灣的流動性滿溢，固然有央行在 QE 時期跟進降息的效應，但更為貼近事實的情況，應是台灣經濟發展面臨結構性問題，導致國內信貸需求疲軟、廠商投資意願薄弱，衍生出銀行大量的濫頭寸。改變國內投資環境，方為國內資金過度寬鬆問題的根治之道。

金融面：熱錢攻勢兇猛，管制難以兩全

當主要國家央行實施極度寬鬆貨幣政策時，國際熱錢勢必流往沒有採行相應政策的國家。

的確，隨著聯準會分別推出3次QE後，新興市場證券與衍生性金融商品投資金額便節節攀升，由外流1,000億美元增至流入5,000億美元，反映國際熱錢大量流入新興市場，且主要流向非生產性的投機用途，推升信貸增幅，如中國及東協等國信貸占GDP比較2011年明顯上升，增加3.6～21.8個百分點不等。

相較之下，熱錢效應在台灣並不明顯，且自2007年至今，台灣證券與衍生性金融商品投資金額甚至出現累計淨流出164億美元的情況。同時，信貸增加幅度或與趨勢偏離程度均不顯著，顯見在QE施行期間，國際熱錢在央行採行總體審慎政策下，並沒有大量流入台灣。

從多個總體金融穩定指標檢視，皆可得出台灣金融市場仍然穩定、沒有出現顯著系統性風險的觀察結果。例如，台灣近年來的家庭部門借款餘額雖然走高，但程度並不明顯；民營企業槓桿比率亦未因利率成本偏低而提高；本國銀行逾放比趨勢走低且資本適足率穩定。

房市成為隱憂

細數寬鬆貨幣政策對各國金融穩定的影響後，不難發現絕大多數的風險皆已被知曉或預防，如今唯一需要考量的風險為房地產市場。

觀察2008年12月至2012年12月的實質房價與匯價的變化（見圖表8-4），那些實質有效匯率相對穩定的國家，其實質房價上漲幅度較大；反之，實質有效匯率升值較為明顯的國家，房價相對穩定。顯見主要國家的寬鬆貨幣政策，是透過推升資產價格與匯價2個管道來影響亞洲國家。

這並不令人意外。因為當國際熱錢從已開發國家蜂擁至亞洲新興市場時，亞洲國家便會面臨艱難的抉擇。若欲避免匯率明顯升值，就得相應採取極度寬鬆的貨幣政策；若想維持國內資產價格穩定，就必須相對已開發國家採取較緊的貨幣政策，但此舉又會拉大新興經濟體與主要國家間的利差，導致其匯率升值。

以台灣為例，在央行積極管控熱錢進出下，雖有效避免台灣金融市場因國際流動性而出現系統性問題，卻也由於欲長期維持匯率穩定而採取相對寬鬆的貨幣政策，造成國內實質房價明顯上漲，成為目前金融穩定中較需關切的面向。

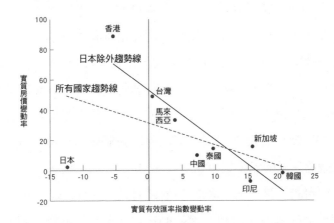

圖表 8-4　亞洲國家實質房價與實質有效匯率變化

註：資料為 2008 年 12 月至 2012 年 12 月總變動率；實質有效匯率指數來源為 BIS；物價
指數來源 IMF；房價來源中，除台灣地區為信義房屋台北市房價指數、中國為 70 大中
城市房價外，其他地區為 Global Property Guide。

資料來源：Bloomberg

在總體審慎政策見效之後……

　　國際主要機構通常建議，應用總體審慎政策處理特定資
產價格高漲問題。該政策是為補充傳統貨幣與財政政策的不
足，旨在解決金融體系槓桿常會有順景氣循環的特性，以致
於加大景氣循環的波動，並盡力避免經濟與金融體系過度集
中在單一的風險。

　　目前國際上的跨國合作架構，主要依循巴賽爾委員會的
新巴賽爾協定（The Basel III Accord，Basel III），一方面提

列反景氣循環的普通股資本緩衝、限制槓桿比率、提列足夠損失準備等，藉以降低金融體系順景氣循環的特性；另一方面，要求規模龐大的系統性重要銀行增提資本準備，以防止金融海嘯時，銀行大到不能倒的情況再現。

此外，各國可權衡國情及金融發展程度，於Basel III的規範外，額外就貸款成數、負債對所得比、授信標準等進行調整，亦可彈性對曝險較高的部門提出總體審慎管控措施，避免金融體系風險過度集中在少數部門。

對台灣而言，未來除須持續接軌國際，採行Basel III外，更應著力於具有金融穩定風險的房地產部門，執行相關政策抑制國內金融體系過度曝險於房地產部門上。

例如，2010年6月訂定金融機構辦理特定地區貸款業務規定，限制台北市與新北市10個行政區第2戶購屋貸款成數以及取消寬限期；2010年12月進一步擴大特定地區範圍並且調降貸款成數，更將都市計畫劃定之住宅區或商業區土地抵押貸款納入管制範圍；2012年6月對高價住宅貸款提出管理措施……等。

雖然這些不動產市場的總體審慎措施，的確降低金融體系的系統性風險，但台灣房價依舊高漲，代表仍有努力的空間。

化經濟質變危機為轉機

臚列2009年以來，台灣在全球寬鬆貨幣環境下的表現後——熱錢進出台灣情況並不頻繁、實質有效匯率保持穩定及金融體系無顯著風險，可知在有關單位的積極控制下，各國的寬鬆貨幣政策對台灣經濟的潛在負面影響相當有限。

那麼，台灣近年來的經濟疲弱不振、民眾生活倍感無力，所為何來？

猶記在2012年年底，行政院主計總處連續第9度下修台灣經濟成長率預測，被輿論戲稱為「九降風」。行至2013年，全年4次的預測中，又有3度下調，即使2014年2月主計總處略為上調經濟預測，仍不減各界對經濟成長率下修的擔憂。況且，與此下修趨勢形影不離的，還有GDP成長率落後全球的問題。

在2011年以前，台灣經濟成長率總能高於全球平均，但如今全球邁向復甦，平均經濟成長率來到3.5％，台灣卻動輒陷入GDP保2或保3的窘境，顯見台灣的經濟運行已發生一定程度的質變。

進一步分析台灣經濟質變的成因，可大致區分為全球影響及台灣本身的問題。

就全球經濟發展的角度看來，在金融海嘯之後，全球貿易量成長增速減緩且背離自1950年以來，其增長速度明顯快

於經濟成長的常態,讓全球化趨勢出現逆轉。

同時,全球人口紅利泰半消失,也使全球生產力提升程度有限,拖累經濟成長;其次,從OECD所公布的BRICs領先指標趨勢下滑可知,占台灣總出口比重逾7成的新興市場國家,經濟高成長期已過,且台灣出口主力的消費性電子產品,又受到歐美國家因失業率居高不下,延緩薪資所得成長及中產階級消費擴張的影響,一直難有表現。這些中、長期的全球經濟結構變化,都將透過抑制出口的方式[2],致使外貿導向的台灣經濟受挫。

然而,將台灣經濟發展不佳,皆歸咎於國際經濟變化,未免有失公允。因為,台灣本身的經濟策略、產業發展和極其敏感的兩岸關係,拖累經濟成長的力道,遠高於全球。而近年來造成台灣經濟質變的成因,可大致分為科技面的手持行動裝置革命、中國崛起的衝擊、難以融入區域整合,以及勞動市場弱化等4大面向。

手持行動裝置革命

電子產業是台灣出口的命脈。過去,台灣電子產業因為產業鏈相當完整,並透過聚落效應產生範疇經濟,發揮一加一大於二的綜效。這種上下游緊密結合的現象,可從衡量電

子業最上游的SEMI半導體接單出貨比與台灣電子產品出口亦步亦趨的走勢得見（見圖表8-5）。

然而，近年來兩者的關係背離，電子上游產業的景氣好轉不再是電子全產業好轉的保證，電子業過去互利共生的合作關係，已經逐漸演化為單打獨鬥的關係。

2007年上市的iPhone，是改變這一切的源頭。台灣如今雖仍有個人及行動電腦最完整的生產與供應鏈，但iPhone帶動的手持行動裝置革命，使個人或行動電腦不再是消費者最常使用的電子產品，需求開始降溫。根據國際數據資訊公司（IDC）的資料顯示，全球個人電腦銷售量於2011年達到高峰後就趨勢下滑，2012、2013年萎縮速度均接近兩位數。

即使台灣廠商相應調整產品線與發展策略因應，但與早年切入電腦產業不同的是，當時台灣掌握完整的生產供應鏈，因此具有相當強大的議價與競爭能力；現在卻只有在某幾個手持行動裝置上，擁有絕對優勢，大多數生產鏈不是有多個強有力的競爭者，就是淪為配角，無法發揮產業聚落的效應，更遑論議價能力。

---

2. 台灣出口到新興市場的產品樣態逐漸從早年的終端產品轉為中間材料，並利用這些國家低廉的勞工成本完成成品，再輸往其他國家，俗稱「三角貿易」。因此，新興市場雖是台灣最大的出口市場，但並非相關產品的最重要需求市場。從外銷訂單可知，2012年美國、歐洲及日本3大已開發市場合計占台灣外銷訂單仍高達51％，當這些已開發經濟體成長明顯趨緩時，便會透過三角貿易影響台灣經濟。

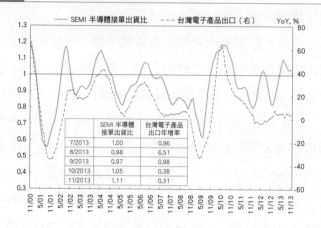

圖表 8-5　SEMI 半導體接單出貨比

註：資料經過 6 個月移動平均處理
資料來源：行政院主計總處、行政院國發會

老二哲學的困境

　　事實上，iPhone問世至今才短短6年，仍然處於產業的滲透期。競爭對手間尚能和平共處，競相開發未涉足的領域，拓展各自的滲透率。而在此時期，主要廠商可享有一定程度的利潤率與高成長性，位居老二地位的台灣廠商，也能維持合理的利潤。

　　不過，當產業走向成熟後，廠商要維持高獲利模式，僅有2條路徑：一是產品特殊性帶來的品牌忠誠度、價格競爭力；二是以低廉的價格，在其他領域以價格決勝。這對向來

抱持老二哲學且缺乏產業聚落整合的台灣廠商來說，無異是難以跨越的高門檻。

從近年手持行動裝置應用相關的全球無線網路滲透率至2013年已達98.7%，較2002年成長433.5%可知，部分主要市場的手持行動裝置滲透率已趨於飽和，隨之而來的將是國際競爭趨於白熱化，使智慧型手機市場漸由強調創新的藍海，跨入競比低價的紅海。

而隨著生產技術逐漸成熟、品牌間硬體差異縮小、廠商為搶占市場等因素，智慧型手機平均銷售價格已由先前的持平轉為下跌，2012年平均售價較2011年下降10.9%，迄2013年前3季平均售價跌幅進一步擴大。

換言之，在手持行動裝置主導電子產業發展的力道愈強勁，台灣廠商所面臨的前景，將愈來愈嚴峻。

中國崛起的衝擊

當全球化加速比較利益思維擴張及專業分工之後，台灣與中國之間一直處於互補共生的關係。

在1990年代兩岸經貿開放初期，台灣與中國在關鍵產業上進行垂直分工——台灣將技術與資本含量較低的生產環節外移到中國，騰出資源發展技術與資本較為密集的高技術產

業，互相帶動出口快速發展。這其實有如早年台灣和日本間的貿易關係，只不過早年的日本扮演1990年代台灣的角色，而台灣扮演中國的角色。

在分工策略下，雙方各自生產對自己有利的商品，可創造出較大的產值，若再將一部分產值用於投資，便能增進產業升級。然而，當中國產品結構明顯升級，但台灣卻持續處於投資不足[3]、產業結構原地踏步時，兩岸經貿的互補效益就會降低，台灣廠商甚至在許多產品中，開始面臨弱勢。

根據UNCTAD資料可知，1995 ~ 2005年間，台灣與中國出口互補性逐步上揚，由當時的0.5升至高點0.68，反映台灣與中國出口間呈現相輔相成關係，彼此在生產體系中分工合作，共創利益。

但自2006年起，中國產業生產技術逐漸熟練，與台灣關係漸由互補轉為競爭，台灣與中國出口互補性轉趨下降，2012年已降至0.54，接近2000年以前水準（見圖表8-6）。而當兩岸直接競爭，且廠商不願意大規模投資，以便脫離競爭紅海時，最直接的結果就是薪資長期的停滯。

而且，隨著中國產業持續升級，雙方直接競爭的層面逐漸擴大，台灣廠商的生存空間遭到嚴重壓縮，台灣社會的恐懼將伴隨中國經濟實力提高而升溫。影響台灣廠商投資意願的因素很多，但有一部分絕對與台灣區域整合牛步化有關。

圖表 8-6	台灣與中國出口互補性

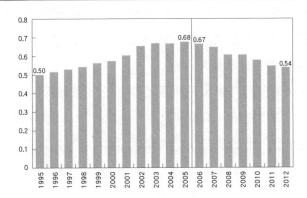

註：台灣與中國出口互補性介於 0-1 間，指中國進口產品與台灣出口產品的重疊程度。
資料來源：UNCTAD

難以融入區域整合

回顧過往，台灣在歷經 12 年的努力，終於在 2002 年 1 月成為 WTO 會員國，曾以為自此之後，將能藉由 WTO 成員的身分，獲得在國際貿易事務上曝光的機會，進而讓台灣經濟得以站在巨人肩膀上發展。

遺憾的是，全球貿易整合並非只在關稅議題上達成共識即可，還包含農業、服務業貿易、貿易規則、貿易便捷化、

---

3. 從 2000 年起，台灣固定資本形成毛額占 GDP 比明顯下降，與固定資本消耗占 GDP 比差距縮小可看出，企業投資以汰舊換新生產設備的形式居多，擴大投資案例日趨稀少，產業升級不易。

爭端解決機制、智慧財產權、環境保護等，但WTO各會員國間經過多年的努力，始終無法掌握如此大範圍議題的協商訣竅，且國際貿易在全球化快速滲透後，複雜程度已大增，使WTO架構功能日漸流失。

於是，在亟需新貿易規則的指引下，各國紛紛轉向雙邊與多邊的貿易協商，2000年至今，全球新增201個雙邊或多邊的貿易協定，比20世紀制定的貿易協定，多上近4倍。

「義大利麵碗」效果

乍看之下，這些新增的雙邊與多邊貿易協定，應能使全球貿易更活絡及提高資源配置的有效性，但實情是各種規範不一、國家別相互重疊的貿易規則，猶如著名經濟學家巴格瓦蒂（Jagdish Bhagwati）及帕那加亞（Arving Panagaryia）所形容的「義大利麵碗」（Spaghetti-bowl effect）效果——雙邊與多邊貿易協定的現象，就像義大麵般相互糾結，反而可能降低國貿資源運用的有效性。

舉例來說，多數的新型貿易協定中，常存在所謂的原產地原則，亦即認定關稅優惠的條件不再只考量最終產品的出口地，產品還必須滿足一定比例以上的原材料是在規定地區生產，才能享有關稅優惠。

如此一來，假若某國加入2個以上的貿易協定，卻因為

對於原產地的認定不一，導致廠商生產鏈為了配合不同的關稅，可能做出無效率的配置。而這種認定方式對於沒有參加雙邊或多邊貿易協定的國家而言，也等同一種貿易歧視。

礙於政治現實，台灣與其他國家洽簽雙邊與多邊貿易協定的進度緩慢，使台灣幾乎已是全球貿易義大利麵碗效果下的受害者。

因為無論是終端產品或原物料，廠商在台灣設廠出口到許多市場，都沒有關稅上的優勢，致使廠商受利之所趨，紛紛將產品生產鏈轉移到租稅優惠的地區，台灣的外銷訂單海外生產比也從2006年的42.3％，一路上升至2013年的51.5％，讓企業接單創造台灣工作機會的能力逐漸喪失，薪資也呈現停滯成長。

此外，外移的廠商形同到海外幫助其他國家產業茁壯，且開始成為台灣重要的外貿競爭對手。他們挾帶著多個貿易協定的優勢，與仍在台灣的廠商形成不公平的競爭，迫使還留在台灣的廠商只能跟進外移，加重產業空洞化的程度，使台灣經濟逐漸喪失活力。

TPP與RCEP問世

更重要的是，跨太平洋夥伴協定（TPP）與區域全面經濟夥伴關係（RCEP）的出現，更加快亞太地區的區域整合。而

且，若台灣自免於此輪區域整合外，將對長期經濟發展帶來莫大的衝擊。

首先，TPP與RCEP不只重視最終產品的貿易階段，而是將產品生產的全部過程都納入規範。因此，沒有加入兩組織的國家已無法透過終端產品外移生產或專精於生產中間原材料，有效減緩被排擠的衝擊。而長年與中國、其他新興經濟體進行貿易分工的台灣，目前出口已有75.1％屬於中間財，貿易活動勢將因沒有加入組織而嚴重受創。

其次，在商品進出口貿易之外，TPP與RCEP還包含投資協定與服務貿易協定。也就是說，成員國間不單要調降關稅，更必須相互大規模的開放金融、通訊、物流、教育、醫療、運輸等服務業的市場，使成員國間形成一個具有相同經商標準的共同市場及完整的供應體系。成員國間可以互通有無，從他國取得更便捷的商品與服務，並自然地對體系外的國家豎起一道難以跨越的高牆。

況且，就目前發展來看，這兩項自由貿易協定屬於涵蓋大量國家的超大型區域自由貿易協定，讓區域內部體系的角色分配，更為完整。同時，由於成員國包括已開發與開發中國家，且囊括多種產品上中下游的生產鏈，使其對區域協定外國家的負面衝擊更大。因此，當這些貿易協定有新成員進行協商時，就會引起尚未參與協定的國家高度緊張，進而產生磁吸效應，促使更多的國家加入。

　　想當然爾，絕緣於區域貿易整合的台灣，就成為企業投資的孤兒。除了台灣的企業逐漸將生產線外移，降低投資台灣的比重外，國際投資人對台灣也興趣缺缺。

　　這也是台灣即使在《2013年IMD世界競爭力報告》排名中位列11，遠優於主要貿易對手國韓國的22名及中國的21名，但投資環境的優等生與實際投資活動卻不成比例的原因。

　　2013年台灣民間投資占GDP比僅約16％，不及韓國與中國的25％及48％；而2012年淨流入台灣的FDI占GDP比僅0.67％，也低於韓國與中國的0.86％及1.49％。由此可知，良好的投資環境並非吸引廠商增加投資的充分條件，還必須向企業展現融入地球村的決心。

中產階級工作階梯化消失

　　除了與出口相關的質變外，身為經濟動能要角的中產階級，喪失發揮個人產值的機會，也是台灣內需市場萎靡、經濟成長受阻的原因。

　　根據杜克大學經濟系教授傑默維奇（Nir Jaimovich）及英屬哥倫比亞大學經濟系教授蕭亨利（Henry. E. Siu，以下將2位教授簡稱為J&S）的研究[4]指出，美國近10幾年所面臨的M型化社會，實肇因於就業市場發生兩極化現象。

例行性（routine）工作逐漸被機器替代，導致工作屬性逐漸向知識性非例行性（Non-Routine Cognitive）及人力性非例行性（Non-Routine Manual）工作集中。由於例行性工作是中產階級勞工賴以為生的工作型態，以致於這類工作逐漸消失時，勞工的薪資分配就會發生兩極化現象，進而產生所謂的M型化社會，貧富差距相應拉大。

與過往各界對M型化社會認知不同的是，J&S指出例行性工作消失，多集中在每一次景氣衰退期，之後即便景氣復甦，這些工作也已被更具效率的機器取代，形成工作類型被階梯式消滅的過程，一如2001年及2009年美國所出現的2次無就業復甦現象。因此，在科技進步下，M型化現象的擴大既是一個趨勢，也是一個循環。

這種現象不僅發生在美國，全球各地都有類似的情況，台灣也不例外。

依J&S定義，民意代表、專業人員、主管及經理人員屬於知識性非例行性工作；技術員及助理專業人員、事務支援人員、農林漁牧生產人員、技藝工作、機械設備操作工及勞力工、銷售工作人員歸類在例行性工作，而服務工作人員則視為人力性非例行性工作。

以此對照台灣就業結構可知，2011～2014年台灣知識性非例行性工作、例行性工作及人力性非例行性工作占總就業人口比分別為15％、75％及10％，其平均薪資（2003～2012

年)分別為新台幣61,386、34,577及25,074元,顯見中產階級的勞動者為台灣社會結構的最主要構成要素。

與美國情況相同,台灣在過去20年間的每一次經濟衰退時,例行性工作都出現過永久性消失,而之後景氣復甦所創造的工作,多屬於M型化的兩端。

如2001～2012年台灣例行性工作消失達5%,但人力性非例行性工作與知識性非例行性工作分別增加21%及13%。由於減少的工作型態是勞動市場占比最大的區塊,而部分增加的工作又屬於M型的兩端,使貧富差距拉大成為台灣民眾的共同記憶,亦讓為數眾多的中產階級,因工作機會減少而焦慮,甚至自此喪失可提供個人產值的工作,導致社會人力資源的效率低落。

迎向經濟重整之路

在全球化趨勢逆轉和新興市場成長趨緩的情況下,全球貿易量成長有限已是不爭的事實。因此,廠商不應執著於過

---

4. 根據J&S於2012年2月發表以〈既是趨勢,也是循環:就業兩極化與無就業復甦〉(The Trend is the Cycle: Job Polarization and Jobless Recoveries)為題的研究,深度解讀21世紀的就業市場轉變,打破已開發國家M型化社會加速與遭逢無就業復甦,皆源於新興市場崛起的歸因邏輯。

去優化生產過程所帶來的榮光,而是要改變過去的營運思維,從被動的順應需求而生產,轉為主動創造需求。

例如,目前有些新興經濟體雖處於快速成長期,卻限於經濟發展較為落後、通信基礎建設不足,導致該地區的消費性電子產品滲透率仍然偏低。因此,有能力的台灣廠商應提早參與這些國家的基礎建設,與當地服務商培養密切的合作關係,待基礎建設完善後,不只需求相應而生,該國更會成為台灣難以撼動的貿易夥伴。

同樣的,面臨景氣循環過程中、中產階級工作機會永久消失的必然趨勢,政府與民眾都需要認清它、適應它,並做出改變。

過去,政府可在景氣衰退時,透過財政刺激政策或寬鬆貨幣政策創造就業,待景氣復甦後,民間部門的勞力需求提高,政府激勵政策即可退場。但在就業兩極化的趨勢下,這樣的政策已效力大減。政府即便提供各種誘因,讓企業暫時增加例行性工作,但優惠一結束,企業仍舊會選擇利用新技術等較有效率的經營方式,使這些工作機會走上消失一途。

因此,政府應改變目前行政資源配置,降低反景氣循環在政策組合中的比重,將更多資源投入改進產學銜接不順的問題、輔導結構性失業者學習新技能,使勞動人力升級,避免長期失業的現象惡化。

民眾則應改變過去「熟能生巧」、「經驗就是一切」的工

作思維，積極培養個人創造力與發掘自己的特殊性，提高個人的生產價值，才能夠應對當前高度變化的社會結構。

除此之外，在區域經濟整合浪潮之下，爭取加入自由貿易協定是各國政府不得不為的經濟政策，但卻不能一味地將其列為首務，而忽略自由貿易的必然之惡。

因此，較為恰當的做法，是把參與區域經濟整合，視為完整政策組合中的一部分。亦即在推動加入 TPP 與 RCEP 協定時，政府先需確定弱勢產業的轉型方向，並與業者進行充分溝通、提出相應的輔導政策後，才進行各項自由貿易協定的談判，避免因傷害國內產業與加大國內各部門間的矛盾與衝突，妨害台灣社會的穩定發展。

同時，也應通盤考慮稅制結構，防止經濟自由化帶來貧富差距拉大的問題。況且，TPP 與 RCEP 所包含的服務業協定、投資協定等項目，皆涉及可能影響台灣國安問題的中國。所以，台灣在推進這類協定時，必須先向民眾說明其國安問題的防火牆機制才行。

從每年貿易順差動輒 200 ～ 300 億美元來看，台灣絕對不缺乏產業升級的資本，只是缺乏接受改變與挑戰的自信，與以更清楚架構與政策組合引導改變的行政單位。但內外在的質變不會停下來等我們找到共識，台灣的經濟成長動能逐漸消耗已是明確的事實。

如果政府、廠商不思改變，未來迎入懷中的不會是經濟

成長的春燕,而是舉步為艱的局面;民眾若不嘗試自我提升,將與美好安定的生活遠景,漸行漸遠,徒留生不逢時的感嘆。換個思維,走出過去習慣的舒適圈,發展新的產業模式、經商關係與職能,台灣經濟仍舊大有可為。

參考資料

自序
梁國源（2013），〈過度信賴常態分配的風險〉,《檢察新論》,1月。

第1章
梁國源（2013），〈異常的市場榮景不容忽視〉,《工商時報》,5月17日。
梁國源（2014），〈質變與失衡的全球經濟〉,《全球工商》,2月。

第2章
梁國源（2012），〈QE3仍是聯準會的貨幣政策選項〉,《工商時報》,4月3日。
梁國源（2012），〈QE3 Fed強力的政策承諾〉,《台灣銀行家》,10月。
梁國源（2012），〈用力印鈔票　拚就業極大化〉,《經濟日報》,12月14日。
梁國源（2013），〈QE若退場　美國經濟巨人將再起〉,《工商時報》,5月24日。
梁國源（2013），〈QE退場……升息　Fed步步舖陳〉,《工商時報》,6月21日。
梁國源（2013），〈傑克森霍爾會議的演變〉,《台灣銀行家》,8月。
梁國源（2013），〈前瞻指引真能緩解QE3減碼衝擊？〉,《工商時報》,9月3日。
梁國源（2013），〈從Jackson Hole年會看QE3減碼〉,《工商時報》,9月5日。
梁國源（2013），〈QE說退不退　市場震盪加大〉,《工商時報》,9月20日。
梁國源（2013），〈QE3緩減　新興市場動盪未平〉,《台灣銀行家》,10月。
梁國源（2013），〈聯準會主席　難逃莫非定律〉,《經濟日報》,10月30日。
梁國源（2013），〈Fed準接班人……不愛給驚喜〉,《經濟日報》,11月15日。

梁國源（2013），〈QE3是否即將減碼？〉，《工商時報》，12月18日。

梁國源（2014），〈「謹慎女王」當家QE會慢慢退場〉，《經濟日報》，1月29日。

梁國源（2014），〈葉倫陷入「定型」危機〉，《經濟日報》，2月8日。

梁國源（2014），〈難逃前後夾擊的葉倫〉，《經濟日報》，3月14日。

第3章

梁國源（2013），〈平議安倍晉三的貨幣政策〉，《工商時報》，1月22日。

梁國源（2013），〈安倍經濟學掀起陣陣波濤〉，《台灣銀行家》，2月。

梁國源（2013），〈亞幣競貶發展動向與影響〉，《全球工商》，4月。

梁國源（2013），〈日銀超寬鬆 救出口可、求復甦難〉，《工商時報》，4月5日。

梁國源（2013），〈美日貨幣政策最新觀察〉，《台灣銀行家》，6月。

梁國源（2013），〈安倍經濟學失敗了嗎？〉，《台灣銀行家》，7月。

梁國源（2014），〈消費稅調升後的日本經濟〉，《工商時報》，4月1日。

第4章

梁國源（2012），〈美國頁岩氣與頁岩油增產的政經意涵〉，《工商時報》，11月29日。

梁國源（2013），〈艱難的美國財政改革〉，《全球工商》，2月。

梁國源（2013），〈從賽局理論看美國財政僵局〉，《工商時報》，10月16日。

梁國源（2013），〈非傳統石油崛起 能源新世代來臨〉，《Money錢》，1月。

梁國源（2013），〈美國頁岩油增產對油價及OPEC的影響〉，《工商時報》，6月27日。

梁國源（2013），〈頁岩油增產 尚難終結高油價〉，《Money錢》，7月。

梁國源（2014），〈頁岩油氣投產有成 美國命運翻轉〉，《Money錢》，3月。

第5章

梁國源（2012），〈歐債危機及影響〉，《全球工商》，7月。

梁國源（2012），〈歐債危機終於撥雲見日？〉，《工商時報》，10月4

日。

梁國源（2013），〈歐債危機消退了嗎？〉，《工商時報》，2月6日。

梁國源（2013），〈質變的歐債危機〉，《工商時報》，7月11日。

梁國源（2013），〈歐元區經濟是否雨過天青？〉，《工商時報》，10月4
日。

梁國源（2013），〈歐元區通縮恐喚醒歐債危機〉，《工商時報》，11月
29日。

梁國源（2014），〈物價跌至低點 ECB為何無動於衷？〉《工商時
報》，2月21日。

梁國源（2014），〈走出煙花榮景的歐元區經濟〉，《工商時報》，3月28
日。

第6章

梁國源（2013），〈人民幣國際地位隱然成形〉，《Money錢》，5月。

梁國源（2013），〈BRICs過時了嗎？〉，《台灣銀行家》，9月。

梁國源（2014），〈新興市場動盪 勢成經濟常態〉，《金融服務》，3
月。

第7章

梁國源（2013），〈中國大陸經濟趨緩解析〉，《工商時報》，8月2日。

梁國源（2013），〈中國大陸微刺激政策解析〉，《工商時報》，9月13
日。

梁國源（2013），〈備受矚目的第18屆三中全會〉，《台灣銀行家》，11
月。

梁國源（2014），〈影子銀行崛起與後續走向〉，《台灣銀行家》，1月。

梁國源（2014），〈中國大陸「頂層設計」的再運用〉，《工商時報》，1
月27日。

梁國源（2014），〈升高中的大陸地方債風險〉，《工商時報》，2月12
日。

梁國源（2014），〈中國中速成長的為與不為〉，《工商時報》，3月14
日。

梁國源（2014），〈中國地方債的成因與探源〉，《台灣銀行家》，4月。

第8章

梁國源（2014），〈全球貨幣寬鬆政策對台灣之影響與因應〉，「俞國華

　　百歲冥誕研討會」，1月10日。

梁國源（2014），〈質變與失衡的全球經濟〉，《全球工商》，2月。

梁國源（2014），〈台灣迎擊經濟質變危機之道〉，《經濟日報》，2月28日。

梁國源（2014），〈中產階級工作消失的真相〉，《經濟日報》，3月20日。

梁國源（2014），〈潮流既成　台灣不宜自絕區域經濟整合之外〉，《全球工商》，4月。

財經企管 526

當世界正在質變
梁國源帶你迎向全球經濟重整之路

國家圖書館出版品預行編目(CIP)資料

當世界正在質變：梁國源帶你迎向全球經
濟重整之路 / 梁國源著. -- 臺北市：遠見天
下文化, 2014.04
　　面；　公分. -- (財經企管；CB526)
ISBN 978-986-320-436-7(平裝)

1.國際經濟 2.經濟發展

552.1　　　　　　　　　　　　103005961

作　者 —— 梁國源
書系主編 —— 黃安妮
責任編輯 —— 胡純禎
美術設計 —— 江儀玲（特約）

出版者 —— 遠見天下文化出版股份有限公司
創辦人 —— 高希均、王力行
遠見・天下文化・事業群　董事長 —— 高希均
事業群發行人／CEO —— 王力行
出版事業部總編輯 —— 許耀雲
版權部經理 —— 張紫蘭
法律顧問 —— 理律法律事務所陳長文律師
著作權顧問 —— 魏啟翔律師
地址 —— 台北市 104 松江路 93 巷 1 號 2 樓

讀者服務專線 —— 02-2662-0012 ｜傳真 —— 02-2662-0007, 02-2662-0009
電子郵件信箱 —— cwpc@cwgv.com.tw
直接郵撥帳號 —— 1326703-6 號　遠見天下文化出版股份有限公司

電腦排版 —— 立全電腦印前排版有限公司
製版廠 —— 立全電腦印前排版有限公司
印刷廠 —— 祥峰印刷事業有限公司
裝訂廠 —— 明輝裝訂有限公司
登記證 —— 局版台業字第 2517 號
總經銷 —— 大和書報圖書股份有限公司　　電話／(02)8990-2588
出版日期 —— 2014 年 4 月 21 日第一版第一次印行

定價 —— 330 元
ISBN：978-986-320-436-7
書號 —— CB526
天下文化書坊 —— http://www.bookzone.com.tw

Believing in Reading

相信閱讀